COMMENT ÊTRE TOP GEEK

Hugo Image

COMMENT

ÊTRE

TOP GEEK

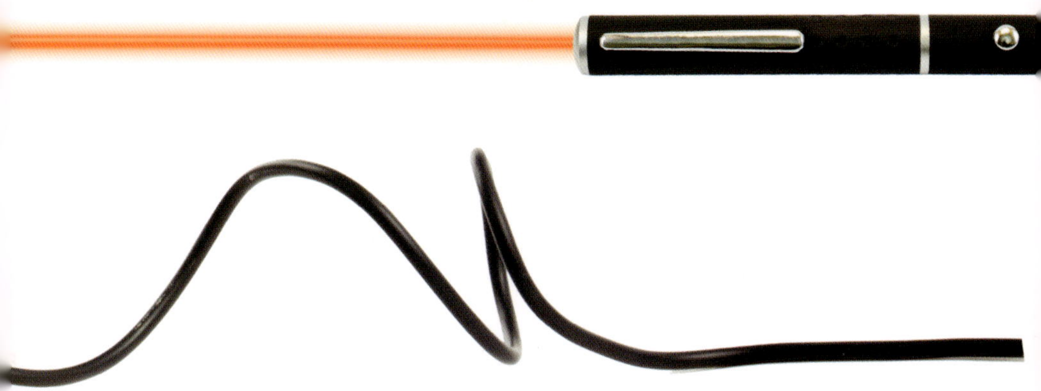

Hugo Image

table des matières

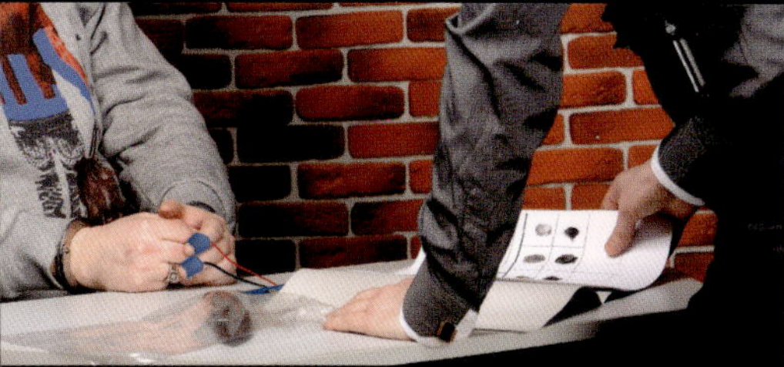

AVANT-PROPOS

Tout le monde peut tout faire. C'est la leçon que l'on peut tirer des 140 années de publication du magazine *Popular Science*. N'importe quelle personne aimant bricoler le week-end peut réussir à défier la gravité, passer le mur du son, ou créer de nouveaux moyens de communication permettant de couvrir de grandes distances. Et le processus de création qui permet de telles choses commence par une décomposition des objets, de manière à les reconstruire une nouvelle fois et d'en comprendre le fonctionnement.

Je ne peux pas clamer haut et fort avoir été un gosse bricoleur, car mes premières ambitions dans le monde de la technologie consistaient à entretenir mes appareils, et non à les démonter ou à les modifier. Mais les années que j'ai passées à *Popular Science* m'ont appris que ce ne n'était pas la bonne manière de procéder, car il y a bien trop de technologies à notre disposition pour que l'on ne puisse les bidouiller. Et laissez-moi vous dire que, lorsqu'un individu déterminé est capable de mettre son instinct à profit, alors de grandes choses peuvent survenir.

Mais le but de ce livre n'est pas nécessairement de construire des objets révolutionnaires, il s'agit plutôt de s'amuser à bricoler des appareils de notre quotidien. Les différents projets que vous trouverez au travers de ces pages sont en partie fondés sur nos années passées à poursuivre des fous passionnés, dont la volonté n'était pas simplement de modifier la technologie, mais au contraire de la faire rayonner.

Par exemple, j'ai passé un après-midi avec notre photographe John Carnett qui, dans son temps libre, avait remplacé le moteur de son quad par un moteur d'avion à réaction. La procédure de démarrage était assez élaborée et nous obligeait à porter un casque à cause du bruit. Alors qu'il me faisait faire un tour dans les rues de Philadelphie, je grimaçais à l'idée du vacarme produit par notre embarcation, qui équivalait à celui d'un 747 à pleine vitesse. En dépit de cela, alors que John était en train de se mettre à dos chaque être humain vivant dans son voisinage, il arborait un large sourire

empreint de joie et de fierté. Non pas celle d'avoir rendu service à l'humanité en inventant quelque chose de nouveau, mais plutôt celle d'avoir fabriqué quelque chose de dément. Car à sa manière, il avait marqué l'histoire dans son garage.

C'est dans cet état d'esprit que Doug Cantor, notre rédacteur en chef infatigable, et tout le reste de notre équipe vous apportent cette collection de projets récréatifs.

On l'a fait comme ça, juste pour le fun.

Jacob Ward

Editor-in-Chief

Popular Science

INTRODUCTION

J'étais, à la base, un candidat assez improbable pour le poste de rédacteur à How 2.0, la rubrique bricolage du magazine *Popular Science*. J'ai toujours été adroit de mes mains, mais quand il s'agissait de vraiment mettre les mains dans le cambouis, de démonter des objets et de réarranger des composants, j'étais un novice complet.

Je suis donc entré dans l'univers du bricolage par la petite porte : j'ai dû faire des recherches et aller voir d'autres bidouilleurs plus aguerris avant de me lancer dans la bataille. Assez rapidement, j'ai réussi à fabriquer une petite lampe de poche, un serre-livres élaboré à partir de CD, et même à hacker le micrologiciel de mon téléphone. Et tout ça, sans trop faire de dégâts.

Avec le temps, j'ai aussi découvert que, avec quelques composants achetés à la quincaillerie du coin, quelques heures de travail, et surtout beaucoup de patience, j'étais capable de construire des objets vraiment marrants.

La rubrique How 2.0 m'a également permis de me mettre en réseau avec de nombreuses personnes intéressantes et passionnées. Le style de gens qui parviennent à trouver des millions d'applications à des microcontrôleurs ou à des électrovannes. Des gens dont l'inventivité est telle que la rubrique se devait de montrer leur travail. On a présenté des projets divers et variés : qu'il s'agisse d'un l'hélicoptère télécommandé de 5 cm, ou d'un bombardier télécommandé de 60 cm. D'un chargeur solaire portable ou d'une imprimante 3D de 90 kg. Je me souviens aussi de ce robot construit à partir d'une brosse à dents, et d'un autre capable de mixer et de servir des cocktails.

Les projets que vous trouverez au détour de ces pages ont été sélectionnés à partir du livre *The Big Book of Hacks*. Ils partent tous de l'idée de personnaliser les objets électriques de la vie quotidienne, pour les rendre plus fonctionnels ou simplement plus classes. Certains de ces projets sont tellement ambitieux que beaucoup d'entre vous ne pourront pas (et peut-être ne devraient pas) tenter de les fabriquer. La plupart seront malgré tout à la portée de tous, et certains ne vous prendront même que quelques minutes à mettre en œuvre.

Donc, si vous n'avez jamais réussi à concevoir quelque chose de vos mains, ce livre vous proposera de nombreux moyens d'arriver à vos fins. Une fois que vous serez arrivés là, vous aurez acquis de nombreuses compétences qui vous permettront d'élaborer des projets toujours plus ambitieux et inventifs.

Quels que soient votre niveau et votre domaine d'intérêt, je vous encourage à vous retrousser les manches et à vous faire la main sur l'un des projets de ce bouquin. Il vous arrivera sans doute de vous sentir frustré, de vouloir tout casser ; mais finalement, vous serez vous-même surpris de votre habileté à pouvoir fabriquer, hacker, modifier, améliorer et transformer des objets, et tout ça en vous amusant.

Doug Cantor
Rédacteur en chef
Popular Science

COMMENT UTILISER CE LIVRE

Alors, comme ça, vous voulez bricoler ? Mettre des objets en pièces, rajouter d'autres composants et recoller les bouts pour créer quelque chose de nouveau ? L'équipe de *Popular Science* vous salue fièrement et vous propose, pour commencer, de jeter un œil à ces projets. Certains d'entre eux proviennent de notre rubrique à succès How 2.0, et d'autres sont l'œuvre d'individus farfelus qui aiment fabriquer des objets improbables. (Voir la section « remerciements », pour de plus amples informations.) À chaque projet sont associés plusieurs symboles, auxquels vous pourrez vous référer ci-dessous pour en saisir le sens.

5 MINUTES PROJET

Si vous savez à peine vous servir d'un tournevis et que le sens du mot microcontrôleur vous échappe totalement, commencez par ces projets-là. Ils sont conçus pour être exécutés en 5 minutes (cela dépend de votre dextérité) et ne demanderont l'utilisation que de simples articles ménagers. Le point de départ parfait pour tout bricoleur en devenir.

LES ARCHIVES

Popular Science fait dans le bricolage depuis presque 140 ans, et certains des projets de ce livre sont tirés de nos archives. Alors, si vous êtes nostalgiques de l'époque où la télévision et les smartphones n'étaient pas encore de ce monde, vous pourrez revivre les bricolages de grand-père à chaque fois que ce symbole apparaîtra.

T'AS VRAIMENT CONSTRUIT CE TRUC ?!

Tout le monde aime les histoires à succès. Surtout celles d'inconnus ayant construit quelque chose de tellement dingue que ça fait dire… « T'as vraiment construit ce truc ?! ». Vous retrouverez plusieurs de ces histoires à travers ce livre, et nous espérons qu'elles vous motiveront à passer au stade supérieur.

CONSTRUISEZ-LE !!

Voici les projets les plus ambitieux. Ils nécessiteront que vous y dépensiez votre temps, et votre argent, car chacun de ces travaux représente un défi à relever. Mais combien de temps et d'argent exactement ? Quel est le niveau de difficulté ? Le tableau ci-dessous vous donnera une idée.

COÛT	TEMPS	
€ = MOINS DE 50 €	◷	MOINS D'UNE HEURE
€€ = DE 50 € À 300 €	◷◷	DE 2 À 5 HEURES
€€€ = DE 300 € À 1 000 €	◷◷◷	DE 5 À 10 HEURES
€€€€ = PLUS DE 1 000 €	◷◷◷◷	PLUS DE 10 HEURES

DIFFICULTÉ

● ○ ○ ○ ○ Plus difficiles que Les Projets de 5 Minutes, ces tutoriels requièrent des compétences de base en bricolage, mais pas en électronique ou informatique.

● ● ○ ○ ○ Des capacités avancées sont demandées pour mener ces projets à bien. Faites appel à votre sens pratique et avancez pas à pas, car c'est aussi ça le plaisir.

● ● ● ○ ○ Cela veut dire que vous aurez besoin de connaissances de base en électronique et informatique, ou que la construction est assez élaborée.

● ● ● ● ○ De sérieuses connaissances en circuits imprimés et en langage informatique sont nécessaires. Préparez-vous à beaucoup d'engagement physique dans l'assemblage.

● ● ● ● ● Hey, vous qui lisez ce livre, vous devez certainement aimer les défis ! Alors ne vous inquiétez pas, vous en aurez avec les projets marqués à cinq points !

AVERTISSEMENT

Si vous voyez ce symbole, ça ne rigole plus. Plusieurs projets présentés dans ce livre requièrent l'utilisation d'outils dangereux, de courant électrique, de produits inflammables ou chimiques, ainsi que des appareils pouvant provoquer des blessures si on en fait mauvais usage. Gardez toujours à l'esprit qu'un grand bricoleur est un bricoleur responsable. Alors utilisez vos méninges, maîtrisez vos outils, portez du matériel de sécurité en toute circonstance, et surtout n'utilisez jamais vos pouvoirs de bricoleur pour faire du mal à autrui. (Voir la clause de non-responsabilité pour plus d'informations.)

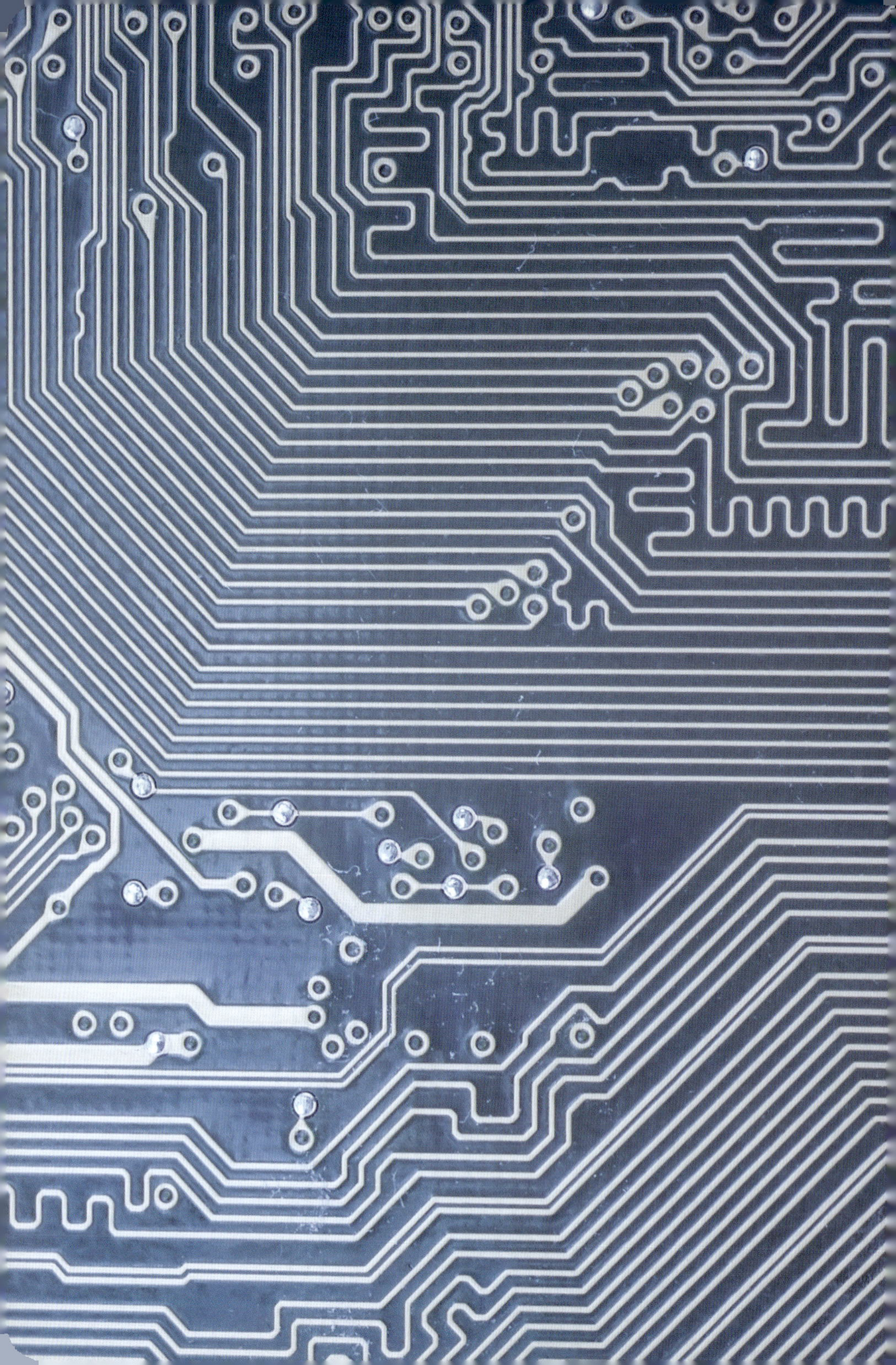

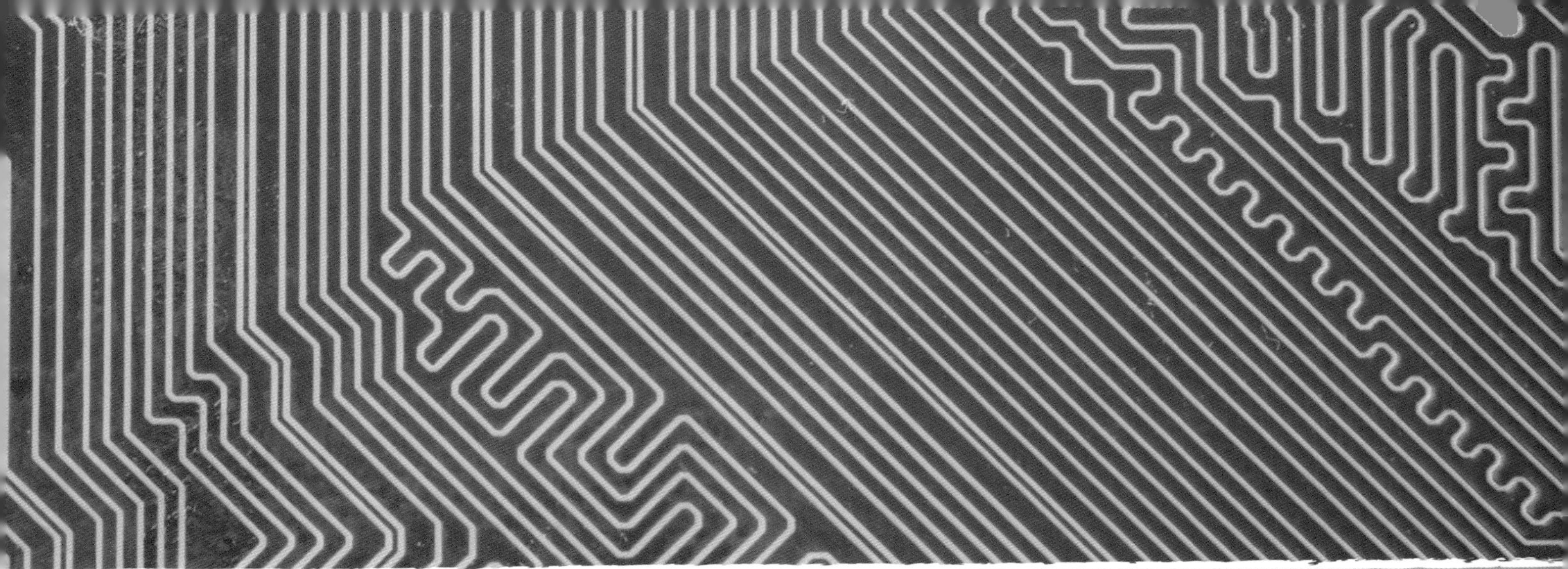

COMPÉTENCES DE BASE DU BRICOLAGE

001 CRÉER SON PROPRE KIT DE SOUDURE

La soudure, c'est un peu comme jouer avec le feu, ou au moins avec du métal brûlant. Vous aurez donc besoin des outils appropriés.

Si vous travaillez sur des projets électroniques, il faudra que vous connectiez des objets en métal au moyen d'un joint solide et conducteur. On appelle ça la soudure. Il vous faudra chauffer ces pièces à l'aide d'un fer à souder pour ensuite les relier avec du fil prévu à cet effet.

FIL À SOUDER Voilà le fil que vous ferez fondre pour connecter les métaux entre eux. C'était auparavent un mélange de plomb et d'étain ; mais de nos jours on le préfère sans plomb, puisque c'est toxique. Choisissez un fil à souder assez fin pour les circuits imprimés, et des fils plus épais quand il s'agit d'associer des pièces plus importantes.

FER À SOUDER Cet outil est composé d'un embout métallique et d'un manche en plastique isolant. Lorsqu'il est allumé, l'embout chauffe, pour faire fondre le fil à souder. Il existe des modèles à plus ou moins forte puissance électrique, il vous reviendra donc de l'adapter en fonction de la précision que demandent vos projets. Il existe également des embouts de différentes formes.

SUPPORT POUR FER À SOUDER Achetez un support adapté à la taille de votre fer à souder pour pouvoir le poser quand il est chaud. (Sinon attention, votre cabane à outils risquerait bien de partir en fumée avant même que vous ayez eu le temps de construire quoi que ce soit !)

PINCES ET SERRE-JOINTS Pour souder, vous aurez besoin de vos deux mains libres ; alors procurez-vous des pinces, des serre-joints, et même du ruban adhésif. N'importe quoi, à partir du moment où vous tenez vos objets en place.

OUTILS POUR FIL ÉLECTRIQUE Vous allez certainement devoir souder beaucoup de câbles électriques, alors faites le plein de pinces coupantes, de pinces à dénuder, et de pinces à bec effilé pour les manipuler. Avant de connecter un câble, il faut enlever l'isolant qui l'entoure, pour le mettre à nu. Vous aurez besoin d'une pince à dénuder.

FLUX DÉCAPANT La soudure fonctionne mieux quand les objets à associer sont bien propres. Alors pensez à les nettoyer au préalable avec du flux décapant : il éliminera les oxydes et autres saletés qui rendent la soudure plus difficile

ÉPONGE À force de l'utiliser, l'embout de votre fer à souder va se salir peu à peu. Gardez donc toujours une éponge mouillée sous la main pour l'essuyer régulièrement.

TUBES THERMORÉTRACTABLES Vous pouvez utiliser des tubes en plastique thermorétractable pour isoler les câbles avant de les chauffer et souder. Différentes tailles de diamètres existent pour convenir aux différents types de câbles électriques dont vous aurez besoin.

VENTILATEUR Les vapeurs émanant de la soudure sont assez toxiques, il est donc conseillé d'utiliser un ventilateur, ou au moins d'ouvrir la fenêtre en grand pour faire circuler l'air.

LUNETTES DE PROTECTION Lorsque vous travaillez, des morceaux de soudure brûlants risquent de sauter, il est donc impératif de toujours porter des lunettes de protection.

002 APPRENDRE LES BASES DE LA SOUDURE

Maintenant que vous avez rassemblé tout le matériel nécessaire, voici comment l'utiliser.

À la toute base, la soudure consiste à connecter des fils électriques entre eux. Mais quand il s'agit de les connecter à un circuit imprimé, le processus est légèrement différent.

SOUDER DES CÂBLES ÉLECTRIQUES

1re ÉTAPE Dans une pièce aérée, vos lunettes de protection sur le nez, branchez votre fer à souder pour qu'il chauffe.

2e ÉTAPE Préparez tout le matériel pour souder. Si vous connectez deux câbles entre eux, dénudez-les d'environ 1,25 cm, et entortillez-les l'un à l'autre. Placez votre matériel sur un plan de travail, une planche de bois, par exemple.

3e ÉTAPE Coupez un morceau de fil à souder et faites une boucle à l'une des extrémités. Cela vous permettra de tenir plus facilement le fil pendant la soudure.

4e ÉTAPE Appliquez le fer à souder sur la zone où les câbles sont torsadés. Laissez-le agir pendant environ 10 secondes, jusqu'à ce que les câbles soient assez chauds pour faire fondre le fer à souder. Posez ensuite le fil à souder sur le joint, et répétez l'opération jusqu'à ce qu'il recouvre les câbles électriques. Veillez à ne pas toucher le fil à soudure avec votre fer pendant toute l'opération, et pensez à ranger votre matériel une fois le travail terminé.

5e ÉTAPE Pour rectifier une erreur, vous pouvez repositionner vos câbles en réchauffant une soudure avec le fer.

SOUDER UN CIRCUIT ÉLECTRONIQUE

1re ÉTAPE Placez le composant à souder sur le circuit électronique et maintenez-le au moyen d'une pince. Faites ensuite passer ses branches dans l'un des trous de circuit.

2e ÉTAPE Soudez les pattes du composant à l'arrière du circuit imprimé. Appliquez le fer à souder sur les pattes et la partie métallique de circuit électronique à l'endroit où vous souhaitez les joindre. Une fois qu'ils sont assez chauds, faites fondre une goutte de fil à souder sur la jointure.

3e ÉTAPE Éloignez le fil à souder, puis le fer, quelques secondes après. Une fois que vous aurez soudé toutes les pattes du composant, coupez les bouts qui dépassent.

L'ÉTAMAGE

Si vous travaillez avec des composants qui peuvent être montés en surface (c'est-à-dire qui n'ont pas de pattes pouvant être enfilées à travers le circuit), il vous faudra utiliser la technique dite de *l'étamage*.

1re ÉTAPE Faites fondre une goutte de soudure sur la zone du circuit où vous souhaitez attacher votre composant. Retirez ensuite votre fer à souder.

2e ÉTAPE Attrapez le composant avec des pinces, faites chauffer la goutte de soudure, et placez-le délicatement dessus.

3e ÉTAPE Maintenez le composant en place pendant quelques secondes jusqu'à ce que la soudure refroidisse.

4e ÉTAPE Si vous avez besoin de dessouder ce type de joint, utilisez une pompe à dessouder.

003 ÉTUDIER LES COMPOSANTS

Pour construire un circuit, il faut en comprendre les composants.

Les circuits électroniques sont représentés par des schémas électriques qui décrivent la manière dont l'électricité y circule. Les composants sont représentés par des symboles, et les lignes montrent le chemin du courant.

Dans ce livre, nous utiliserons des diagrammes qui vous montreront comment attacher les composants relatifs à chaque projet. Voici donc une présentation des composants que vous rencontrerez.

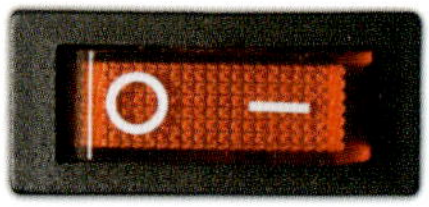

LES INTERRUPTEURS Ils permettent d'ouvrir ou de fermer un circuit. Vous les trouverez dans le commerce, ouverts par défaut ou fermés.

LES TRANSISTORS Un transistor amplifie le courant électrique qui passe par son électrode d'entrée, permettant à un courant plus fort de circuler entre l'émetteur et le collecteur. Les deux types basiques de transistors sont NPN et PNP et ont des polarités opposées. Pour les NPN, le courant passe du collecteur à l'émetteur, et pour les PNP de l'émetteur au collecteur.

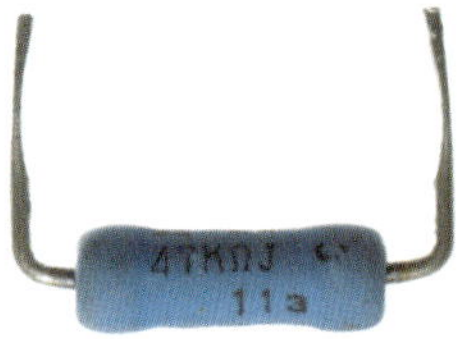

LES RÉSISTANCES Pour fonctionner, un circuit a besoin de résistance. Sans cela, vous aurez des courts-circuits dans lesquels le courant passera directement de la batterie à la terre sans qu'il soit utilisé, provoquant une surchauffe du circuit et d'autres problèmes de fonctionnement. Empêchez ces désagréments par des résistances qui réduisent la quantité de courant dans le circuit. Le degré de résistance électrique entre deux points se mesure en ohms, vérifiez alors que la résistance de vos composants corresponde à celle indiquée par le schéma.

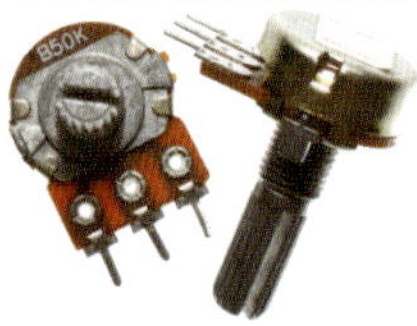

LES POTENTIOMÈTRES Lorsque vous aurez besoin de faire varier la résistance dans un circuit électrique, vous utiliserez un potentiomètre à la place d'un transistor standard. En effet, ils sont dotés d'un curseur vous permettant de contrôler le niveau de résistance : les potentiomètres « B », à courbe de réponse linéaire, et les potentiomètres « A », à courbe de réponse logarithmique.

LES BATTERIES Elles stockent l'énergie qui alimente un circuit. Vous pouvez en utiliser plusieurs pour augmenter le voltage ou l'intensité du courant.

LES CONDENSATEURS Ils stockent l'électricité et la délivrent dans le circuit quand il y a une baisse de courant. La capacité électrique se mesure en picofarads (pF), nanofarads (nF), et microfarads (µF). Les condensateurs en céramique ne sont pas polarisés, ils peuvent donc être insérés dans n'importe quelle direction, au contraire des condensateurs électrolytiques, qui ont un sens spécifique.

LE FIL ÉLECTRIQUE Ces mèches de métal sont souvent utilisées pour connecter les composants d'un circuit. Les fils électriques existent en plusieurs tailles (ou calibres) et sont généralement isolés.

LES DIODES Ces composants sont polarisés de manière à permettre au courant de passer dans un seul sens, ce qui est très utile quand vous cherchez à empêcher au courant de partir dans la mauvaise direction. Le côté de la diode qui se connecte à la borne négative s'appelle la cathode, et celui qui se connecte à la borne positive s'appelle l'anode. Les diodes électroluminescentes, pour leur part (LED), s'allument quand le courant leur passe à travers.

LES CIRCUITS INTÉGRÉS Ce sont de petits circuits (habituellement accompagnés de transistors, de diodes et de résistances) déjà intégrés à une puce électronique. Chaque branche de cette puce se connecte à un point de votre circuit. Il en existe de compositions très variées, et ils sont toujours accompagnés d'une notice expliquant leurs fonctions.

LES TRANSFORMATEURS ÉLECTRIQUES La taille de ces appareils peut varier de celle d'un doigt de la main à celle d'une maison. Ces transformateurs sont constitués d'un noyau souvent aimanté, entouré d'une bobine de câbles, et ils ont pour but de transférer un courant alternatif d'un circuit à l'autre. Ils permettent aussi d'augmenter ou de baisser la puissance du courant selon le ratio du fil électrique entre deux bobines.

CELLULES PHOTO-ÉLECTRIQUES Ce sont des capteurs capables de déterminer l'intensité lumineuse, et d'autres types de radiations électromagnétiques. Il ajuste ensuite la résistance entre ses deux électrodes en fonction de la quantité de lumière.

004 CONSTRUIRE UN CIRCUIT ÉLECTRIQUE

Maintenant que vous savez ce qu'il se passe à l'intérieur d'un circuit, faites-en un.

1re ÉTAPE Rassemblez tous les composants apparaissant sur votre schéma, ainsi que les outils nécessaires.

2e ÉTAPE Afin de tester votre circuit avant de le souder, installez-le sur une platine d'essai. Les platines d'essai sont des circuits recouverts de petits trous vous permettant de connecter des composants sans les souder.

3e ÉTAPE Une fois que vous êtes prêts à construire le circuit, commencez par installer les plus petits composants. Cela vous évitera d'avoir à écarter les plus gros, qui vous gêneraient. Faites en sorte d'orienter toutes les étiquettes des composants dans le même sens, afin de pouvoir toutes les lire facilement.

4e ÉTAPE De nombreux composants sont munis de pattes pouvant être insérées dans les trous du circuit imprimé. Veillez à courber les pattes avant de les placer.

5e ÉTAPE Il faudra maintenir les différentes parties du circuit lorsque vous le souderez. Pour ce faire, vous pouvez utiliser du ruban adhésif, ou sinon plaquer le circuit contre votre surface de travail.

6e ÉTAPE Pendant la soudure, vérifiez que chaque composant est aligné correctement après que vous aurez soudé la première patte ou électrode. Il est plus facile de faire des ajustements à ce moment-là, avant d'avoir terminé la soudure du composant.

7e ÉTAPE Une fois la soudure terminée, coupez les pattes des composants et testez votre circuit.

005 CHOISIR UN MICROCONTRÔLEUR

Pour être un vrai geek, il vous faudra connaître les bases d'un microcontrôleur.

Un microcontrôleur est essentiellement un mini-ordinateur avec un processeur (CPU), de la mémoire, ainsi que des entrées et des sorties. Ils sont très utiles pour contrôler les interrupteurs, les LED, ainsi que d'autres dispositifs. Jetez un œil sur certaines de leurs caractéristiques.

PROGRAMMABLES Certains modèles ne sont programmables qu'une seule fois, tandis que d'autres peuvent être effacés puis reprogrammés. Sur certains autres, il vous sera possible de rajouter de la mémoire externe.

LA MÉMOIRE Les microcontrôleurs ont au départ une quantité de mémoire fixe. Assurez-vous que votre microcontrôleur dispose de suffisamment de mémoire pour votre projet.

LA COMPLEXITÉ Pour un projet complexe, utilisez un modèle disposant de nombreuses entrées et sorties, et plus de mémoire que les microcontrôleurs simples.

LE SUPPORT PHYSIQUE La forme d'un microcontrôleur joue beaucoup dans sa facilité d'utilisation. Par exemple, un espace réduit entre les broches rendra plus difficile la manipulation de celui-ci.

LE LANGAGE DE PROGRAMMATION Les microcontrôleurs diffèrent par le langage de programmation qu'ils utilisent. Choisissez-en un dont vous connaissez déjà le langage, ou dont vous prévoyez d'apprendre le langage.

LE LOGICIEL Certains microcontrôleurs ont des outils logiciels plus faciles à utiliser que d'autres. Si vous êtes débutant, renseignez-vous auprès d'amis plus technophiles afin d'avoir une idée de ce qu'il vous faut.

006 PROGRAMMER UN MODULE ARDUINO

Un module Arduino est un microcontrôleur open source. Apprenez à le programmer et explorez les possibilités qui s'offrent à vous.

1re ÉTAPE Il existe de nombreux types de microcontrôleurs Arduino. Le plus répandu est le microcontrôleur Arduino « UNO », mais il existe aussi des variantes spécialisées. Avant de commencer à bricoler, faites des recherches afin de déterminer la version qui correspond le mieux à votre projet.

2e ÉTAPE Pour commencer, il faut installer le logiciel Arduino (l'environnement de développement intégré, ou « IDE »).

3e ÉTAPE Branchez votre module au port USB de votre ordinateur. Vous aurez peut-être besoin d'un câble spécifique. Chaque module est doté d'un port série virtuel unique, il faudra donc reconfigurer le port si vous en utilisez plusieurs.

4e ÉTAPE Sélectionnez le bon port série et la bonne carte Arduino sur le logiciel.

5e ÉTAPE Testez le microcontrôleur en utilisant un des programmes préinstallés (aussi appelé « séquence » ou « sketch ») du logiciel Arduino. Ouvrez un des programmes en exemple, et cliquez sur le bouton « Upload » pour le charger. Le module Arduino devrait commencer à réagir au programme : par exemple, si vous l'avez programmé pour faire clignoter une LED, celle-ci devrait commencer à clignoter.

6e ÉTAPE Pour transférer un nouveau code sur le module, il faut, soit avoir accès au code, que vous copierez alors dans le logiciel, soit l'écrire vous-même et utiliser le langage de programmation Arduino afin de créer votre propre programme. Un programme Arduino est en général composé de cinq parties : un « header » qui décrit le programme et ses auteurs ; une autre section où sont définies les variables ; une routine « setup » où seront définies les conditions initiales des variables et où sera lancé un code préliminaire ; une routine « loop » où vous ajouterez le code principal qui sera exécuté rapidement jusqu'à ce que vous mettiez fin au programme ; et une section où seront listées les autres fonctions qui seront activées pendant les routines setup et loop. Tous les programmes doivent inclure ces routines.

7e ÉTAPE Une fois que vous avez transféré le nouveau programme sur votre module Arduino, débranchez-le de l'ordinateur et intégrez-le à votre projet, en suivant les instructions.

LES PROJETS

CONSTRUISEZ-LE !!

007 UN DÉTECTEUR DE MENSONGES

COÛT €
TEMPS
FACILE ● ● ● ○ ○ DIFFICILE

Vous pensez que quelqu'un vous mène en bateau ? Prouvez-le !

MATÉRIEL

Ciseaux
Velcro adhésif
Papier aluminium
Câbles électriques
Une pince à dénuder
Un module Arduino UNO
Une résistance de 10 kOhms
Un câble USB

1re ÉTAPE Avec des ciseaux, coupez un morceau de Velcro et de papier aluminium de sorte qu'ils aient la même longueur, et qu'ils soient assez longs pour faire le tour d'un doigt.

2e ÉTAPE Dénudez l'extrémité d'un câble électrique, puis placez-la au centre de la feuille d'aluminium. Placez le Velcro au-dessus pour le maintenir : le câble entre l'aluminium et le Velcro.

3e ÉTAPE Retournez le papier aluminium et collez un petit morceau de Velcro sur ce côté afin de pouvoir l'attacher autour d'un doigt avec le papier aluminium à l'intérieur. Il s'agit d'une électrode. Répétez ce processus afin d'en obtenir une deuxième.

4e ÉTAPE Attachez les électrodes au module Arduino UNO comme indiqué sur le diagramme, à droite.

5e ÉTAPE Connectez le module Arduino à votre ordinateur avec un câble USB. Transférez sur le module le code « Graph » qui se trouve sur la page Web popsci.com/thebigbookofhacks, et lancez le programme de traitement sur l'ordinateur.

6e ÉTAPE Trouvez une personne à tester et placez les électrodes sur un doigt de chaque main de votre cobaye.

7e ÉTAPE Un graph apparaît sur l'écran. Plus une personne transpire, plus sa peau devient conductrice, et plus la ligne monte sur le graph. Une ligne qui grimpe en flèche représente, quant à elle, la probabilité que le cobaye est en train de mentir.

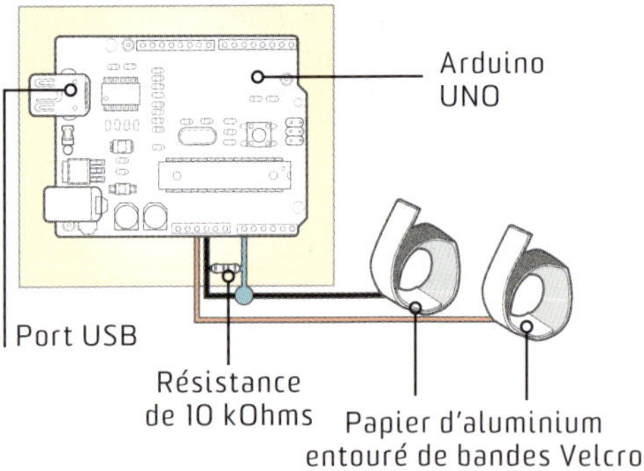

008 UNE RADIO DE FORTUNE

Si votre radio vous lâche, cet appareil fera l'affaire.

MATÉRIEL

- Grande épingle à nourrice
- Rouleau de papier toilette
- Fil électrique pour électroaimant
- Bout de crayon en bois
- Câble de catégorie 6 dénudé pour antenne et terre
- Radiateur ou un cintre métallique
- Planche de bois
- Punaises en métal
- Lames de rasoir rouillées
- Écouteurs

1re ÉTAPE Faites un trou dans le rouleau de papier toilette et attachez-y le fil électrique avec un nœud.

2e ÉTAPE Créez une bobine, en enroulant le fil électrique 120 fois autour du rouleau, en faisant attention à bien le serrer et que les fils se touchent bien entre eux. Le nombre de tours que vous faites a une incidence sur la station de radio que vous recevrez, donc vous pourrez le changer plus tard si vous n'entendez pas bien votre station.

3e ÉTAPE Faites une « diode à pointe », en insérant l'épingle à nourrice dans un bout du crayon, dans le graphite.

4e ÉTAPE Accrochez le câble d'antenne loin dehors à travers la fenêtre, et accrochez-le à un radiateur. Si vous n'avez pas de radiateur en métal, attachez-le à un cintre en métal que vous enfoncerez dans le sol, à l'extérieur.

5e ÉTAPE Placez le rouleau de papier toilette et la lame de rasoir rouillée sur la planche en bois et enfoncez deux punaises près du rouleau et deux près de la lame de rasoir. Attachez le câble d'antenne aux composants, selon le diagramme, ci-dessous, et faites des nœuds entre deux câbles si l'antenne est trop courte.

6e ÉTAPE Retirez la partie isolante près de la prise jack de vos écouteurs. Utilisez un câble dénudé pour connecter l'épingle à nourrice dans le crayon à un des câbles de vos écouteurs, et connectez l'autre câble de vos écouteurs au câble de terre.

7e ÉTAPE Enfilez vos écouteurs et touchez la lame de rasoir avec la mine du crayon, en le bougeant jusqu'à ce que vous commenciez à entendre vos chansons favorites.

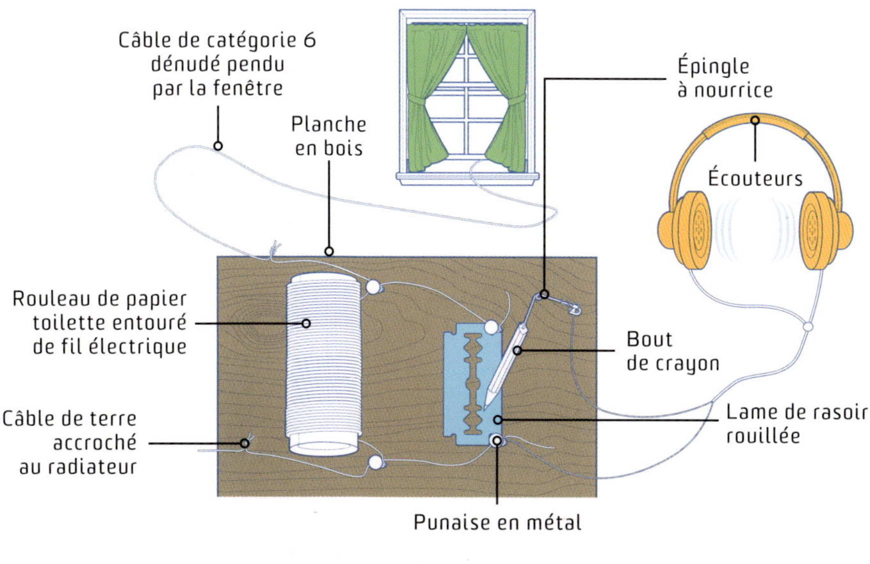

009 MONTER UNE ANTENNE BIPOLAIRE

1re ÉTAPE Découpez un cintre avec une pince coupante et étirez-le pour qu'il fasse environ 132 cm de long.

2e ÉTAPE Faites un petit crochet en forme de U à chaque extrémité du cintre. S'il y a besoin, passez un coup de papier de verre pour enlever la peinture.

3e ÉTAPE Découpez un morceau de contreplaqué mesurant 2,5 cm de largeur et 30 cm de longueur. Vissez deux vis à tôle de 1,25 cm à une profondeur d'environ 6 mm dans le bois.

4e ÉTAPE Accrochez les deux extrémités du cintre en forme de U aux deux vis qui sont enfoncées dans le bois.

5e ÉTAPE Glissez les deux extrémités d'un transformateur 75 à 300 ohms sous les vis en métal, une extrémité par vis. Serrez les vis jusqu'à ce que les extrémités du cintre et du transformateur soient bien attachées contre le bois.

6e ÉTAPE Afin de connecter un câble coaxial, vissez le connecteur f du câble dans le transformateur.

7e ÉTAPE Connectez le câble coaxial à une radio, allumez le récepteur et positionnez l'antenne de sorte à recevoir un bon signal.

8e ÉTAPE Utilisez une équerre de fixation et des vis pour fixer l'antenne là où elle fonctionne le mieux.

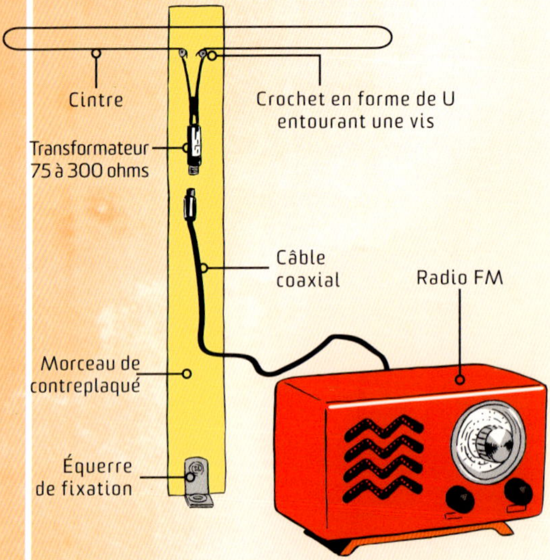

010 UNE ANTENNE POUR TÉLÉPHONE PORTABLE

1re ÉTAPE Avec un ouvre-boîte, enlevez le dessous d'une boîte de conserve sans couvercle mesurant 10 cm de diamètre.

2e ÉTAPE Soudez la partie ouverte d'une autre boîte de conserve à la première. La taille totale devrait atteindre les 30 cm.

3e ÉTAPE Soudez un petit morceau de fil de cuivre à un connecteur d'antenne et faites un trou à environ 9,5 cm de l'extrémité fermée du cylindre. Attachez le fil grâce à un boulon à l'intérieur du cylindre.

4e ÉTAPE Vissez un câble adaptateur pour antenne passive au connecteur d'antenne.

5e ÉTAPE Attachez le câble adaptateur pour antenne passive à l'arrière de votre téléphone. Si vous n'avez pas de smartphone, utilisez un adaptateur « pigtail » qui fonctionne avec votre modèle de téléphone.

6e ÉTAPE Profitez maintenant d'une réception téléphonique améliorée et entendez correctement ce que les gens ont à vous dire.

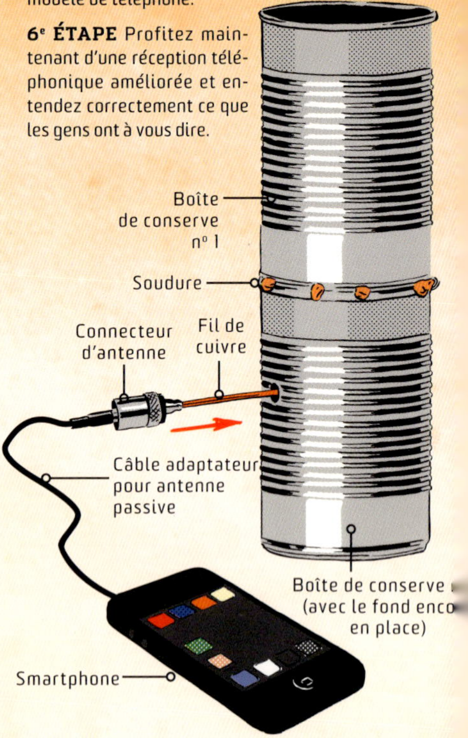

011 BOOSTER SA WI-FI AVEC UN PANIER À VAPEUR

1re ÉTAPE Avec des cisailles, retirez le socle central du panier à vapeur et faites-y un trou d'environ 1,25 cm pour y faire passer le connecteur du modem USB

2e ÉTAPE Insérez le modem USB dans le trou, sa connexion se dirigeant vers le bas, et collez-le avec de la glue. Attendez qu'il sèche à présent.

3e ÉTAPE Utilisez un collier de serrage pour maintenir deux feuilles du panier en place, de manière qu'elles restent ouvertes.

4e ÉTAPE Branchez le modem USB au câble d'extension USB, et branchez l'autre extrémité du câble à la prise Ethernet de votre ordinateur portable.

5e ÉTAPE Vous pouvez maintenant capter le Wi-Fi d'une distance extraordinaire.

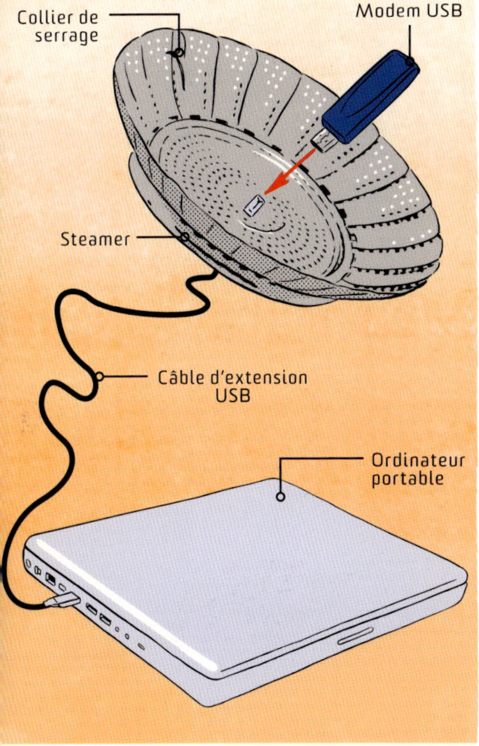

012 ACCROCHER UN TABLEAU-ANTENNE TVHD

1re ÉTAPE Dénudez un câble en cuivre de calibre 14, puis coupez-le en huit morceaux en forme de V. Placez-les sur un cadre de sorte que les angles des V soient à 14,5 cm d'écart les uns des autres, puis faites un trou de chaque côté des extrémités des V.

2e ÉTAPE Dénudez un fil émaillé de calibre 22, puis attachez les V au cadre en enfilant le fil émaillé par un des trous, en le croisant avec le fil de cuivre, puis en le faisant passer dans l'autre sens par le deuxième trou, et puis une nouvelle fois dans le premier, et ainsi de suite.

3e ÉTAPE Découpez deux longueurs de fil de cuivre mesurant 50 cm chacune, et pliez-les comme sur le schéma. Posez-les sur le centre du cadre à 5 cm d'écart.

4e ÉTAPE Attachez les deux câbles verticaux aux V avec du fil émaillé. Faites un trou de chaque côté des extrémités des deux câbles verticaux, puis attachez-les au cadre, comme vous avez fait avec les V..

5e ÉTAPE Attachez les câbles verticaux entre eux avec du fil émaillé de sorte qu'ils se touchent presque.

6e ÉTAPE Soudez deux morceaux de fil émaillé aux extrémités basses des deux câbles verticaux. Connectez ces deux morceaux à un transformateur, puis connectez le transformateur à votre TV avec un câble coaxial.

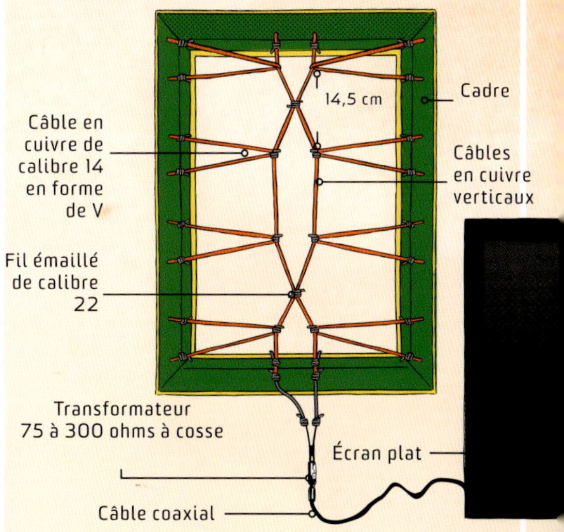

CONSTRUISEZ-LE !!

013 UN ÉCRAN TÉLÉCOMMANDÉ POUR L'ORDINATEUR

COÛT €€

TEMPS

FACILE ● ● ● ● ○ DIFFICILE

Cet élégant écran pourra diffuser les résultats des matchs, les infos, la météo, et tout ce que vous lui demanderez d'afficher.

MATÉRIEL

Batterie au lithium polymère
Chargeur de batterie au lithium polymère 100 mAh
Fer et fil à souder
Câble électrique
Circuit élévateur de tension 5 volts DC/DC
Interrupteur marche/arrêt
Modem Bluetooth
Affichage fluorescent sous vide (VFD) à 16 caractères
Boîte personnalisée (par exemple celle d'un vieux récepteur radio)
Logiciel LCD Smartie

1re ÉTAPE Réglez votre fer à souder à une température d'environ 176 °C, puis soudez la batterie au lithium polymère au chargeur.

2e ÉTAPE Soudez la sortie du chargeur de batterie au lithium polymère à l'entrée du circuit élévateur de tension 5 V DC/DC. Soudez l'interrupteur marche/arrêt au circuit élévateur de tension pour contrôler le courant.

3e ÉTAPE Connectez les bornes positives et négatives ((positive et négative ??)) du circuit élévateur de tension au modem Bluetooth et à l'affichage à 16 caractères. Connectez ensuite la sortie TTL du modem Bluetooth à l'entrée TTL de l'affichage VFD.

4e ÉTAPE Selon vos goûts, construisez une boîte à partir, par exemple, d'un vieux boîtier de radio, de quelques planches en bois, ou tout ce qui vous tombe sous la main.

5e ÉTAPE Utilisez le logiciel Bluetooth de votre ordinateur pour jumeler votre ordinateur au modem Bluetooth. Connectez le port Bluetooth aux paramètres de communication 9600, 8, N et 1.

6e ÉTAPE Téléchargez le logiciel LCD Smartie. Sélectionnez le driver « test display device » et entrez le numéro de port Bluetooth, ainsi que les paramètres de communication. Configurez la taille de l'écran pour 1 à 16 caractères et appliquez les changements à votre logiciel.

7e ÉTAPE Choisissez les informations que vous voudrez faire défiler, et vous pouvez maintenant vaquer à vos occupations. N'oubliez pas de laisser l'appareil à moins de 15 mètres de votre ordinateur, de manière à optimiser votre connexion sans fil Bluetooth..

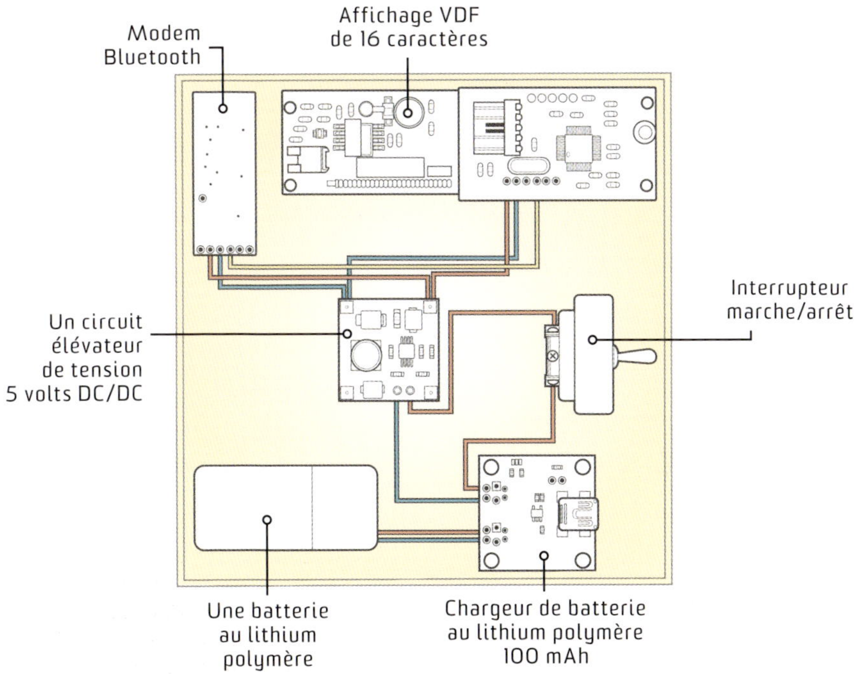
Modem
Bluetooth
Affichage VDF
de 16 caractères
Un circuit
élévateur
de tension
5 volts DC/DC
Interrupteur
marche/arrêt
Une batterie
au lithium
polymère
Chargeur de batterie
au lithium polymère
100 mAh

You have 1 email

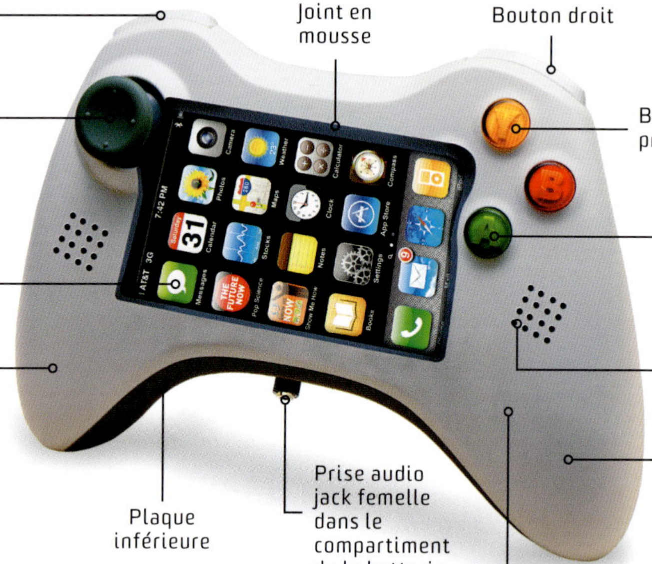

CONSTRUISEZ-LE !!

014 TRANSFORMEZ UNE MANETTE DE XBOX 360 EN COQUE POUR SMARTPHONE

COÛT	€€€
TEMPS	◷◷◷
FACILE	● ● ● ● ○ DIFFICILE

Pourquoi devrait-on choisir de jouer soit sur son smartphone, soit sur sa console ?

Vous ne pouvez pas vous passer d'une manette pour jouer dans de bonnes conditions ? Cette coque pour smartphone est faite pour vous.

MATÉRIEL

- Manette pour Xbox 360
- Tournevis Torx
- Tournevis cruciforme
- Smartphone
- Outil rotatif
- Ciseaux
- Super Glue
- Mousse
- Rallonge audio jack 3,5 mm
- Chargeur mural avec câble USB
- Pinces

1re ÉTAPE Retournez votre manette et retirez le couvercle de la batterie. Retirez l'autocollant avec le numéro de série se trouvant à l'intérieur et dévissez les vis avec le tournevis Torx.

2e ÉTAPE Enlevez les autres vis situées à l'arrière de la manette. Ôtez la partie arrière, et enlevez la plaque inférieure.

3e ÉTAPE Retirez le circuit électronique. Ensuite les molettes, les gâchettes et les moteurs du rumble pack (les petits cylindres qui pendouillent) sortiront du même coup.

4e ÉTAPE Retirez les tampons en caoutchouc qui se trouvaient derrière le circuit. Retournez ensuite la manette pour faire tomber tous les boutons.

5ᵉ ÉTAPE Retournez à nouveau la manette et retirez les vis du bouton en croix. En vous aidant d'un tournevis, retirez la languette centrale, puis ôtez l'avant et l'arrière du bouton.

6ᵉ ÉTAPE Détachez la tablette supérieure du circuit. (Celle avec les boutons latéraux situés au-dessus de la manette.)

7ᵉ ÉTAPE Afin de désolidariser les gâchettes du circuit imprimé, appuyez sur les longues tiges et poussez les gâchettes. Ensuite, pincez-les sur les côtés, retirez les ressorts, et faites-les tourner doucement afin de les détacher. Pendant que vous y êtes, retirez aussi la molette gauche.

8ᵉ ÉTAPE Mesurez, dans votre manette, un espace suffisamment grand pour y mettre votre smartphone. Faites-le de manière que le bouton d'accueil de votre téléphone soit aussi près que possible d'un des boutons de la manette (ça peut être le bouton vert, ou la molette gauche.) Découpez alors le trou avec votre outil rotatif.

9ᵉ ÉTAPE Toujours avec l'outil rotatif, percez plein de petits trous sur la manette, près de l'endroit où se trouveront les haut-parleurs.

10ᵉ ÉTAPE Avec des ciseaux, découpez les tampons en caoutchouc qui se trouvent derrière les boutons, en laissant un contact pour les boutons fonctionnels. (Pour un iPhone, il s'agit du bouton vert.) Réinstallez ensuite les tampons en caoutchouc à l'intérieur de la coque, avec les boutons fonctionnels alignés avec son contact.

11ᵉ ÉTAPE Gluez tous les boutons non fonctionnels à leur emplacement d'origine, ainsi que la molette gauche.

12ᵉ ÉTAPE Mesurez et découpez la mousse pour matelasser l'intérieur de la partie supérieure de la manette, avec une fenêtre aussi grande que l'écran de votre smartphone. Collez la mousse à l'intérieur de la manette avec de la glue.

13ᵉ ÉTAPE Utilisez l'outil rotatif pour percer un trou en bas du compartiment à batterie. Il doit être assez grand pour faire passer la prise femelle du câble jack.

14ᵉ ÉTAPE Percez un second trou à l'intérieur du compartiment à batterie, il doit être assez large pour faire passer le câble jack avec la partie mâle. Faites ensuite passer la prise mâle à travers ce trou, jusqu'au compartiment principal.

15ᵉ ÉTAPE Avec l'outil rotatif, percez un autre trou dans la partie arrière du compartiment à batterie ; il doit être assez large pour faire passer la prise USB du câble chargeur du smartphone.

16ᵉ ÉTAPE À l'aide de votre outil rotatif, retirez la coque en plastique du chargeur, afin qu'il soit assez petit pour tenir dans la manette. Collez cette partie dans le compartiment principal de la manette, en l'orientant de façon qu'il puisse être branché à votre téléphone. Enfilez ensuite la prise USB à l'intérieur du compartiment à batterie, et embobinez le câble.

17ᵉ ÉTAPE Placez le smartphone à l'intérieur de la coque, attachez-le au chargeur ainsi qu'au câble jack.

18ᵉ ÉTAPE Fermez la coque délicatement et attachez bien les deux parties en les vissant.

19ᵉ ÉTAPE Utilisez votre téléphone normalement et jouissez du regard étonné des passants. C'est la classe.

LES ARCHIVES

015 CONSTRUIRE UN TÉLÉPHONE MAINS-LIBRES

Vous êtes-vous déjà demandé comment faisaient les gens avant l'invention du haut-parleur ? Ils construisaient ce gadget, qui leur permettait à la fois de raccrocher le téléphone et de toujours entendre.

MATÉRIEL

- Carte prototype de genre Veroboard
- Transformateur microphone/réseau A-4705
- Transformateur de sortie A-3329
- Microphone
- Haut-parleur à aimant de 5 cm
- Deux transistors CK721
- Condensateur céramique 0.01 μF
- Un condensateur électronique 5 μF, 8 volts
- Résistance carbone 1 méga-ohm
- Résistance carbone 75 kilo-ohms
- Quatre piles AA avec socle
- Interrupteur marche/arrêt
- Câble électrique
- Panneau métallique pour mise à la terre
- Boiserie
- Mousse en caoutchouc
- Glue
- Vis
- Fer et fil à souder
- Une scie
- Un tournevis
- Un outil rotatif

1re ÉTAPE Assemblez les composants, comme indiqué sur le schéma. Gardez du câble électrique en rab pour plus tard, pour attacher l'interrupteur, le haut-parleur et le microphone..

2e ÉTAPE Mesurez et découpez assez de bois pour construire la boîte qui accueillera le Veroboard. Attachez le tout avec de la colle à bois et tapissez l'intérieur avec de la mousse en caoutchouc (pour insonoriser) que vous collerez avec de la glue.

3e ÉTAPE Avec l'outil rotatif, faites des trous sur les côtés pour le haut-parleur et l'interrupteur.

4e ÉTAPE Placez les composants électroniques assemblés dans la boîte, et attachez le Veroboard avec des vis. Enfilez le haut-parleur et l'interrupteur dans les ouvertures sur les côtés de la boîte, et vissez-les.

5e ÉTAPE Avec du bois, créez un couvercle pour la boîte, de forme adéquate à celle de votre combiné. Découpez ensuite des trous des deux extrémités du combiné.

6e ÉTAPE Découpez et collez de la mousse en caoutchouc de sorte que les deux extrémités de votre combiné s'encastrent bien. (Cela fera en sorte de réduire le bruit environnant).

7e ÉTAPE Placez le couvercle au-dessus de la boîte et collez le microphone dans l'orifice où se place l'écouteur du combiné, en dessous de la mousse en caoutchouc.

8e ÉTAPE Quand vous recevez un coup de fil, placez le combiné au-dessus de la boîte, en plaçant l'écouteur du combiné près du microphone. Vous pouvez maintenant faire vos affaires pendant que tante Marge raconte sa vie au téléphone.

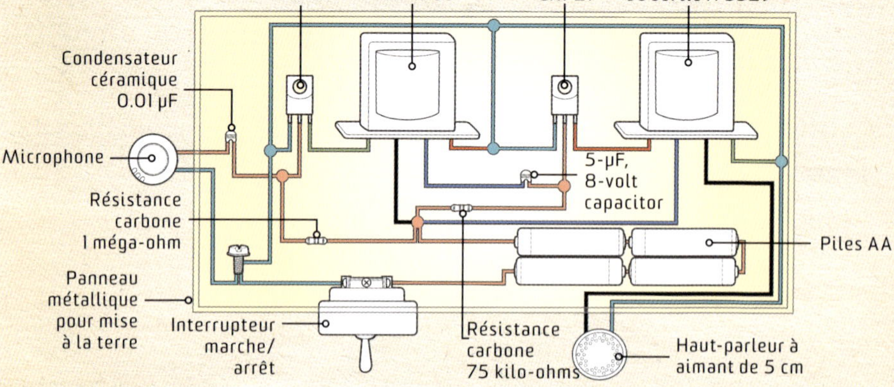

016 BRANCHEZ VOTRE SMARTPHONE À UN DINOSAURE

Recharger son téléphone à la mode jurassique.

MATÉRIEL

- Figurine en plastique
- Règle
- Stylo
- Outil rotatif
- Smartphone (de préférence avec un chargeur USB détachable)

1re ÉTAPE Trouvez une figurine en plastique (venant du crétacé, ou pas) assez solide pour supporter le poids de votre téléphone sans basculer. La figurine doit avoir assez de corpulence pour que vous puissiez y creuser un espace pour votre téléphone.

2e ÉTAPE Mesurez la profondeur nécessaire à creuser pour y placer votre téléphone. Pendant que vous y êtes, mesurez la largeur de votre téléphone. Marquez sur votre figurine l'endroit où vous creuserez.

3e ÉTAPE Avec l'outil rotatif, creusez un trou dans la figurine de la taille et de la forme de votre téléphone.

4e ÉTAPE Une fois le trou creusé, insérez votre téléphone pour vérifier que la figurine reste stable. Si c'est le cas, percez un trou plus petit au fond de la figurine pour y faire passer le câble du chargeur (la prise USB en premier).

5e ÉTAPE Branchez votre chargeur, attachez-le au téléphone, et contemplez votre génialissime non-conformisme.

CONSTRUISEZ-LE !!

017 INSTALLER UN PROJECTEUR POUR SMARTPHONE

COÛT €€

TEMPS ◷

FACILE ● ● ○ ○ ○ DIFFICILE

Projetez l'écran de votre smartphone sur un mur pour un écran géant instantané.

MATÉRIEL

Boîte étroite en carton
Cutter
Lentille de Fresnel
Câble audio
Enceintes
Pistolet à colle chaude
Pâte à modeler
Smartphone

1re ÉTAPE Prenez la boîte en carton (une boîte à chaussures conviendra) et coupez un trou légèrement plus petit que votre lentille Fresnel, dans l'un des petits côtés de la boîte.

2e ÉTAPE Percez un plus petit trou dans le côté opposé. Celui-ci doit être assez grand pour y faire passer le câble audio de votre téléphone vers vos enceintes.

3e ÉTAPE Avec le pistolet à colle, collez la lentille Fresnel sur le plus gros trou percé dans la boîte.

4e ÉTAPE Déposez de la pâte à modeler sur le côté de votre smartphone, puis placez-le dans la boîte de sorte que l'écran soit orienté vers la lentille. (La pâte à modeler aide à stabiliser le téléphone, mais vous pourrez toujours le déplacer plus tard, pour ajuster l'image.)

5e ÉTAPE Sélectionnez votre film, puis mettez l'image en mode paysage.

6e ÉTAPE Branchez le téléphone à vos enceintes, en faisant passer le câble audio par le petit trou dans la boîte.

7e ÉTAPE Fermez la boîte, orientez la lentille vers un mur vide, puis éteignez les lumières. Il ne vous reste plus qu'à vous installer peinard devant votre série préférée, un seau de pop-corn à la main. Votre écran devrait afficher un format 22 par 28 cm tout à fait regardable.

5 MINUTES PROJET

018 UN TÉLÉPHONE QUI REBONDIT

1re ÉTAPE Découpez un pack de Sugru en quatre morceaux. (Une gomme malléable en silicone qui colle au plastique.)

2e ÉTAPE Posez un morceau à chaque coin de votre téléphone, en le pliant sur les surfaces avant et arrière.

3e ÉTAPE Vous disposez de 30 minutes pour façonner le Sugru de la forme que vous désirez.

4e ÉTAPE Laissez-le durcir pendant la nuit, après quoi vous n'aurez plus jamais peur de faire tomber votre téléphone.

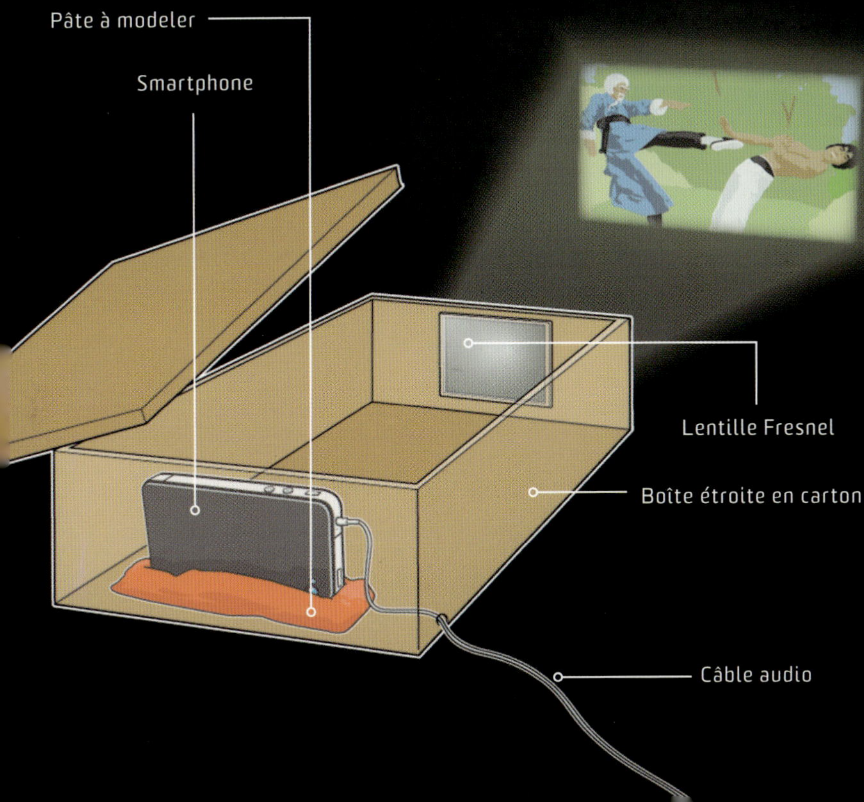

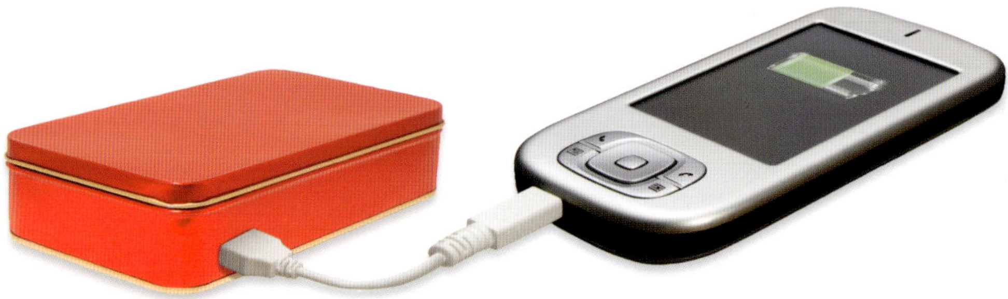

019 RECHARGER UN TÉLÉPHONE AVEC L'ÉNERGIE SOLAIRE

Récoltez les rayons du soleil pour recharger votre téléphone sur la route.

MATÉRIEL

Deux mini-panneaux solaires de 30 volts, 20 mA
Pince à dénuder
Petites gaines thermorétractables
Pistolet à air chaud
Fer et fil à souder
Chargeur de téléphone
Gaines thermorétractables larges
Scotch double face
Petite boîte en aluminium

1re ÉTAPE Découpez les câbles des deux mini-panneaux solaires de manière qu'ils fassent 2,5 cm de long, puis dénudez-les de 6,35 mm.

2e ÉTAPE Découpez les petites gaines thermorétractables en quatre morceaux de 2,5 cm. Recouvrez les deux câbles positifs des panneaux solaires avec les gaines, et chauffez-les avec le pistolet à air chaud afin de les rapetisser.

3e ÉTAPE Soudez l'électrode négative d'un des panneaux solaires à l'électrode positive de l'autre. Recouvrez avec un morceau de la petite gaine, puis chauffez avec le pistolet à air chaud pour le rapetisser.

4e ÉTAPE Découpez un morceau de 75 cm du câble de votre chargeur. Dénudez-le de 6,35 mm sur son extrémité libre.

5e ÉTAPE Découpez les fils à l'intérieur du câble de 6,35 mm afin de créer des électrodes. Recouvrez-les avec les gaines larges, puis chauffez.

6e ÉTAPE Soudez les électrodes négatives du câble de votre chargeur avec les panneaux solaires, et faites de même avec des électrodes positives. Recouvrez-les avec des gaines larges avant de chauffer.

7e ÉTAPE Appliquez du scotch double face sur la face arrière des panneaux solaires, avant de les attacher à l'intérieur de la boîte en aluminium.

8e ÉTAPE Placez les câbles à l'intérieur de la boîte et refermez-la. Pour l'utiliser, ouvrez la boîte et laissez les panneaux se charger au soleil.

020 CRÉER UN TRÉPIED POUR SMARTPHONE

Prenez des photos stables avec ce trépied sportif improvisé.

1re ÉTAPE Découpez une balle de tennis en deux.

2e ÉTAPE Avec un stylo, dessinez trois marques espacées de 5 cm chacune. (Celles-ci serviront à équilibrer le morceau de balle de tennis).

3e ÉTAPE Découpez de petites arches entre les pieds du trépied.

4e ÉTAPE Découpez une fente au-dessus de la balle de tennis pour y insérer le port du chargeur.

5e ÉTAPE Branchez votre téléphone sur le port, et c'est parti pour le shoot !

5 MINUTES PROJET

021 PROTÉGER SON ÉCRAN AVEC DU VINYLE

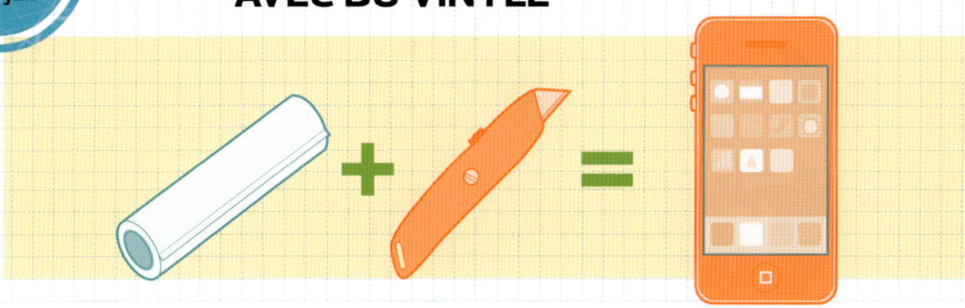

1re ÉTAPE Mesurez et découpez un morceau de feuille de vinyle fin et non adhésif pour recouvrir l'écran de votre smartphone.

2e ÉTAPE Wipe away any dust on the vinyl and on your phone's screen.

3e ÉTAPE Line up the vinyl with the touchscreen and slowly apply it, smoothing out air bubbles as you press it down.

CONSTRUISEZ-LE !!

022 UNE HOUSSE FACILE À COUDRE POUR SON EBOOK

COÛT €

TEMPS ◷◷

FACILE ● ● ○ ○ ○ DIFFICILE

Protégez votre tablette avec une housse en feutre.

MATÉRIEL

Tablette
Livre de 2,5 cm de plus que votre tablette de chaque côté
Un cutter
Du feutre
Des ciseaux
Une règle
Un pistolet à colle chaude
Du carton
Un crayon
90 cm de fil élastique tressé de 1,25 cm de large

1re ÉTAPE Avec le cutter, découpez les pages du livre. Collez une bande de feutre dans la reliure.

2e ÉTAPE Découpez deux morceaux de carton de la taille de la couverture du livre. Ciselez les coins du carton.

3e ÉTAPE Mesurez et découpez deux morceaux de feutre de sorte qu'ils fassent 5 cm de plus que le carton de chaque côté. Découpez des fentes de 45 degrés sur chaque coin des morceaux de feutre.

4e ÉTAPE Posez un des morceaux de carton au centre d'un des morceaux de feutre. Pliez le feutre au-dessus des coins du carton et collez-le. Répétez avec les autres morceaux.

5e ÉTAPE Tracez le contour de la tablette sur l'arrière d'un des morceaux de carton. Avec des ciseaux, découpez des trous des deux côtés de chaque coin du contour : ils doivent être assez larges pour y faire passer l'élastique et doivent être placés à 2,5 cm du contour.

6e ÉTAPE À partir de l'élastique, découpez quatre morceaux mesurant 10 cm chacun. Faites-en passer un par l'arrière du carton à travers l'un des trous, et faites-le repasser par le trou d'à côté. Répétez ces étapes pour les trois autres morceaux d'élastique et insérez votre tablette de sorte que l'élastique passe au-dessus des coins de l'appareil et le maintienne en place. Si cela tient, collez les extrémités de l'élastique sur le carton.

7e ÉTAPE Avec des ciseaux, découpez deux trous sur la face arrière du livre, près du bord extérieur. Enfilez le morceau d'élastique restant dans un des trous, en partant de l'extérieur. Mesurez la longueur nécessaire pour que l'élastique puisse encercler le livre, quand il est fermé, avec la tablette et le carton à l'intérieur, puis coupez l'élastique et collez ses extrémités sur la face intérieure du livre.

8e ÉTAPE Alignez les morceaux de carton recouverts de feutre avec la couverture du livre et collez-les ensemble (le feutre doit vous faire face, à l'intérieur du livre).

9e ÉTAPE Let the glue dry, slide the tablet under the elastic, and revel in being secretly high tech.

Feutre
sur la reliure
Morceaux
d'élastique passés
à travers le carton
Slide and release the power switch to wake
Carton recouvert
de feutre
We Play and
Vieux livre tapissé
de feutre à l'intérieur
Morceau
d'élastique

CONSTRUISEZ-LE !!

023 TRANSFORMER UN VIEUX NETBOOK EN TABLETTE TACTILE

COÛT €€

TEMPS ◴◴

FACILE ● ● ● ○ ○ DIFFICILE

Pourquoi se ruiner en achetant une tablette quand on peut simplement bricoler la sienne ?

MATÉRIEL

Netbook
Tournevis
Couteau à mastic
Surface à écran tactile
Résine époxy
Silicone malléable
Clé USB
Clavier
Souris
Stylet rétractable

1re ÉTAPE Éteignez et débranchez votre netbook, puis retirez le cadre et la partie arrière de l'écran afin que l'écran LCD soit exposé avec les câbles. Retirez le clavier et le pavé tactile. (Il vous faudra peut-être dévisser la partie inférieure du netbook et ouvrir le boîtier avec un outil plat, par exemple un couteau à mastic.)

2e ÉTAPE Placez l'écran LCD nu sur la zone où se trouvaient le clavier et le pavé tactile, en faisant attention à ne pas endommager les fils. Faites attention à ne pas recouvrir les parties servant à la ventilation.

3e ÉTAPE Retirez le papier se trouvant à l'arrière de la surface tactile afin de révéler la partie adhésive. Placez-la au-dessus de l'écran LCD.

4e ÉTAPE Branchez la prise USB de la surface tactile dans le port USB du netbook. Ce sera soit un port interne sur la carte mère, soit un port externe, comme sur la plupart des ordinateurs.

5e ÉTAPE Rattachez le cadre sur l'écran reconverti avec de l'époxy. Si une partie du cadre recouvre l'écran, retirez-la avant de le rattacher. S'il y a trop d'espace entre le cadre et la base de la tablette, bouchez l'interstice avec de la silicone afin de maintenir les deux parties ensemble. Laissez sécher pendant 24 heures.

6e ÉTAPE Copiez les drivers attachés à l'écran tactile sur une clé USB et branchez la clé dans la nouvelle tablette netbook. Branchez un clavier et une souris à la tablette et installez les drivers.

7e ÉTAPE Lancez l'outil de calibration et utilisez le stylet pour calibrer l'écran tactile.

8e ÉTAPE Éclatez-vous sur votre nouvelle tablette, et grimacez en pensant à tous ces loosers qui ont dépensé des fortunes pour s'en offrir une nouvelle.

024 UN STYLET STYLISÉ POUR ÉCRAN TACTILE

Fabriquez-vous un stylet et ôtez vos sales doigts de cette tablette.

MATÉRIEL

Petits ciseaux
Mousse conductrice
Porte-mine de dessin 2 mm
Cartouche d'encre de stylo Bic

1re ÉTAPE Avec des petits ciseaux, découpez un cube de mousse conductrice mesurant environ 6,35 mm de côté.

2e ÉTAPE Taillez légèrement le cube, de manière à former un embout arrondi.

3e ÉTAPE Enfoncez le morceau de mousse dans le porte-mine avec la cartouche d'encre de stylo Bic jusqu'à ce qu'il dépasse légèrement du bout du porte-mine. Débarrassez-vous de la cartouche.

4e ÉTAPE Pincez le bout du porte-mine pour garder le morceau de mousse en place. Vous n'avez plus qu'à l'essayer sur une tablette.

025 STOCKER UNE CLÉ USB DANS UNE CASSETTE

1re ÉTAPE Avec un petit tournevis, ôtez l'étui en plastique de la clé USB.

2e ÉTAPE Décidez de l'endroit où vous souhaitez que la clé USB sorte de la cassette. Tracez ensuite le contour de l'extrémité du connecteur USB à cet endroit.

3e ÉTAPE Avec le petit tournevis, dévissez la cassette pour l'ouvrir.

4e ÉTAPE Découpez délicatement la partie tracée avec un outil rotatif.

5e ÉTAPE Rembobinez la cassette de sorte que la bande soit du côté opposé au trou prévu pour la clé USB.

6e ÉTAPE Scotchez la clé USB à l'intérieur de la cassette avec du scotch électrique isolant, et faites en sorte que le connecteur dépasse du trou.

7e ÉTAPE Réassemblez la cassette, remplissez la clé USB avec vos chansons préférées, et vous pourrez maintenant offrir cette mixtape rétro à qui vous voudrez.

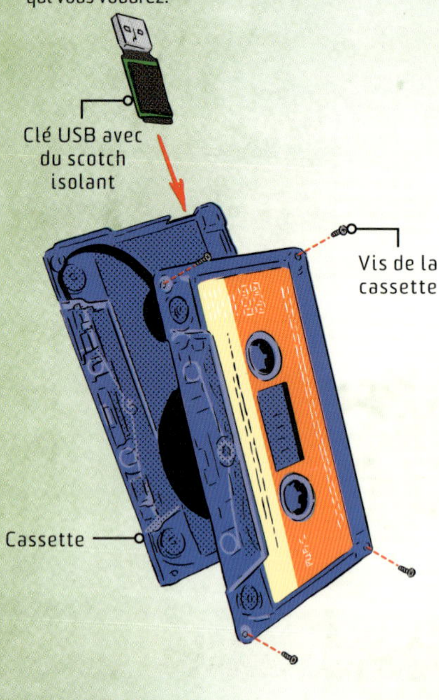

026 FABRIQUER UNE CLÉ USB EN GOMME ROSE

1re ÉTAPE Retirez l'étui en plastique de la clé USB.

2e ÉTAPE Trouvez deux gommes roses à forme parallélogramme. Découpez-en une par le bout, en commençant du côté où la pente descend. Découpez l'autre à environ un tiers de sa taille originale.

3e ÉTAPE Avec un cutter, évidez les deux gommes. Faites en sorte que la clé USB tienne bien.

4e ÉTAPE Enfoncez la clé USB dans la gomme plus grande, et refermez avec le petit morceau de gomme. Et voilà : une petite clé USB très discrète dans laquelle vous pourrez stocker tous vos documents top secrets. Un peu comme s'ils avaient été « effacés ».

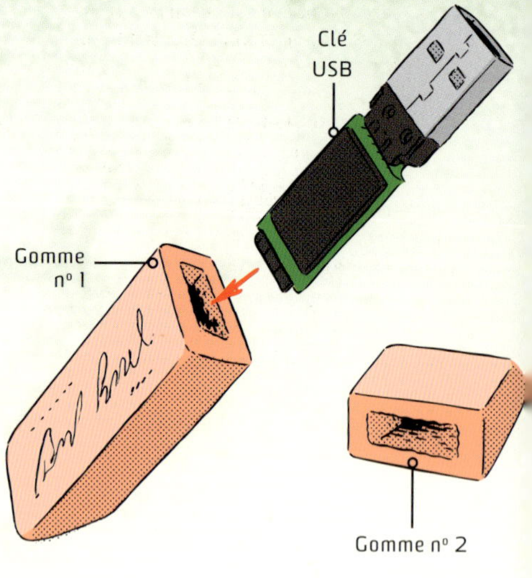

027 BLUFFER TOUT LE MONDE AVEC UNE CLÉ USB COUPÉE EN DEUX

1re ÉTAPE Ôtez l'étui en plastique de la clé USB. (Le mieux est de choisir une clé USB pas trop grande.)

2e ÉTAPE Avec un cutter, faites des entailles profondes dans le revêtement du bout d'un câble USB, en perçant la partie en métal en-dessous. Soulevez le revêtement afin d'accéder à l'intérieur.

3e ÉTAPE Utilisez un tournevis pour ouvrir la partie en métal. Retirez le « couvercle ».

4e ÉTAPE Découpez avec le cutter les câbles et divers sous le couvercle.

5e ÉTAPE Protégez l'arrière de la clé USB avec du scotch électrique isolant. (Au niveau des parties métalliques.)

6e ÉTAPE Ajoutez de l'époxy à l'intérieur de l'ouverture faite au bout du câble, et insérez-y la clé USB.

7e ÉTAPE Découpez le câble, effilochez les fils à votre convenance, et branchez-le dans un ordinateur. Préparez-vous à entendre des cris d'horreur.

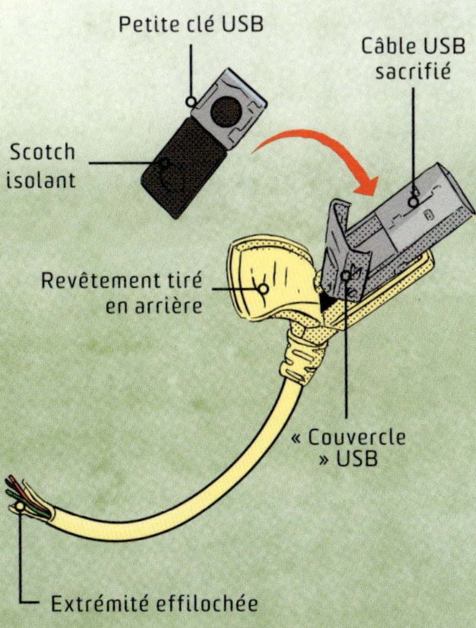

028 PLACER UNE CLÉ USB DANS UN LEGO®

1re ÉTAPE Ôtez l'étui en plastique de votre clé USB.

2e ÉTAPE Trouvez une brique de LEGO assez large pour y placer la clé USB (une brique 2 x 6 est idéale). Évidez l'intérieur du LEGO avec un outil rotatif.

3e ÉTAPE Mesurez le connecteur USB pour en connaître les dimensions, et faites un trou dans le LEGO. Le trou doit bien serrer l'embout USB, de manière que celui-ci puisse s'insérer sans problème dans votre ordinateur.

4e ÉTAPE Dessinez un rectangle de ces dimensions-là sur l'une des extrémités de la brique. Découpez la forme avec un outil rotatif.

5e ÉTAPE Utilisez l'outil rotatif pour retirer le dessus d'une autre brique de LEGO de la même taille et de la même couleur.

6e ÉTAPE Collez la clé USB à l'arrière du couvercle LEGO précédemment ôté avec du scotch isolant

7e ÉTAPE Collez les deux parties ensemble avec de la glue, en faisant en sorte que la prise USB ressorte.

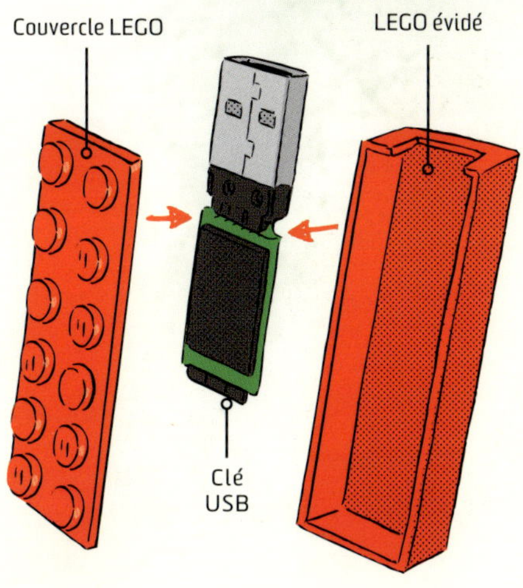

CONSTRUISEZ-LE !!

029 CONSTRUIRE UNE SOURIS CONTRÔLÉE PAR LES PIEDS

COÛT €€

TEMPS ◷◷

FACILE ● ● ● ○ ○ DIFFICILE

Libérez-vous les mains avec cette drôle de souris à pied.

MATÉRIEL

Planche PVC de 1,25 cm
Chaussons
Deux interrupteurs levier à galet
Souris optique
Outil rotatif
Lime à main
Fil électrique
Équerres en métal
Écrous, boulons et rondelles
Tournevis
Fil métallique
Vis et clous
Tuyau en plastique transparent de 2 m de long et 1,9 cm de diamètre
Butoirs de porte en caoutchouc

1re ÉTAPE Placez vos chaussons sur la planche PVC comme si vous étiez naturellement assis les pieds dessus, et tracez le contour. Près du chausson gauche, là où votre pied contrôlera la souris, marquez un emplacement pour les interrupteurs levier à galet, qui correspondent aux cliques gauche et droit. Ensuite, dessinez le contour de la souris au-dessus du chausson droit, légèrement vers la gauche.

2e ÉTAPE Avec l'outil rotatif, créez un emplacement pour les interrupteurs levier à galet et un trou pour la souris. Utilisez la lime pour lisser les rebords des trous.

3e ÉTAPE Séparez le couvercle de la souris de sa base. Soulevez ensuite le circuit imprimé, et retirez la roue.

4e ÉTAPE Repérez, sur le circuit imprimé, où se trouvent les interrupteurs qui étaient à l'origine connectés aux boutons de la souris. Soudez un morceau de fil électrique à chacune de ces connexions.

5e ÉTAPE Replacez le circuit électronique dans le socle de la souris. Ensuite, soudez les fils électriques qui sont reliés aux connections des interrupteurs de la souris avec les interrupteurs levier à galet : c'est-à-dire les fils du clique gauche au nouvel interrupteur gauche, et ceux du clique droit à l'interrupteur de droite.

6e ÉTAPE Fixez deux équerres sur la souris à l'aide d'écrous, de boulons et de rondelles. Vissez les équerres en dessous de la planche PVC, de sorte que la souris se retrouve à l'envers..

7e ÉTAPE Faites passer des petits fils métalliques par les trous de montage de chaque interrupteur levier à galet. Tordez les extrémités des fils et fixez les interrupteurs sous la planche PVC avec des clous.

8e ÉTAPE Fixez le tube en plastique tout autour de la planche PVC avec des vis et entre les chaussons. Cela vous aidera à bien placer vos pieds.

9e ÉTAPE Taillez quatre butoirs en caoutchouc qui serviront de support pour élever la planche PVC, ce qui laissera de la place pour la souris. Vissez-les ensuite aux quatre coins de la planche PVC.

10e ÉTAPE Branchez le connecteur USB de la souris sur l'ordinateur et utilisez-la maintenant avec vos pieds.

5 MINUTES PROJET

030 TRANSFORMER UN ORDINATEUR PORTABLE EN TABLEAU BLANC

1re ÉTAPE Découpez un morceau de tableau blanc électrostatique, ou un autocollant de la taille du couvercle de votre ordinateur portable.

2e ÉTAPE Appliquez le tableau blanc sur votre ordinateur. Ajoutez un morceau de Velcro adhésif.

3e ÉTAPE Attachez un autre morceau de Velcro adhésif sur un marqueur pour tableau blanc. Vous n'avez plus qu'à griffonner.

CONSTRUISEZ-LE !!

031 CRÉER UN TAPIS DE SOURIS LUMINEUX

COÛT €

TEMPS ⌚⌚

FACILE ● ● ● ○ ○ DIFFICILE

Faites briller vos sessions nocturnes de jeux vidéo avec ce tapis de souris rétro éclairé.

MATÉRIEL

Lunettes de protection
Plexiglas
Scie de table avec une lame coupe-verre
Outil rotatif avec une mèche pour le verre
Deux petites LED blanches
Fil électrique
Connecteur USB
Scotch transparent
Dessin ou motif imprimé

1re ÉTAPE Décidez de la taille et de la forme de votre tapis de souris. Ensuite, après avoir mis vos lunettes de protection, découpez le Plexiglas avec la scie de table, selon la forme désirée.

2e ÉTAPE Posez la mèche pour le verre sur votre outil rotatif, et arrondissez les angles du Plexiglas. Plus vous rendrez la surface du Plexiglas opaque, plus votre tapis de souris émettra de lumière.

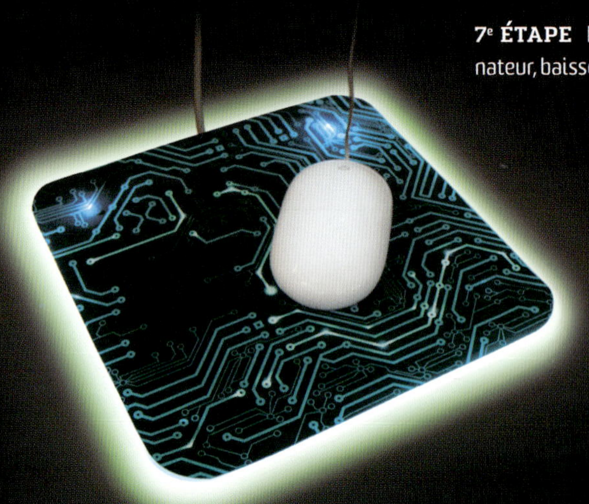

3e ÉTAPE Utilisez votre outil rotatif pour creuser un sillon dans le Plexiglas, en commençant par le milieu haut du verre, puis bifurquez en deux sillons 2,5 cm plus bas environ.

4e ÉTAPE Utilisez l'outil rotatif pour prolonger les deux sillons parallèlement au bord supérieur du verre, et arrêtez-vous à environ 2,5 cm du bord de chaque côté.

5e ÉTAPE Attachez des morceaux de câble électrique aux électrodes des LED, et enlevez la gaine du câble USB. Attachez ensuite les deux fils positif et négatif des LED aux fils positif et négatif du câble USB.

6e ÉTAPE Placez les LED et les fils électriques dans les sillons et maintenez-les en place avec du ruban adhésif. Recouvrez le tapis d'un motif, si vous le souhaitez.

7e ÉTAPE Branchez la prise USB à l'ordinateur, baissez les lumières, et lancez votre jeu.

032 FABRIQUER UN CLAVIER PORTABLE

Découpez un clavier pour récupérer la membrane tactile se trouvant à l'intérieur.

MATÉRIEL

Clavier USB
Tournevis
Papier vinyle transparent
Super Glue
Autocollants adhésifs

1re ÉTAPE Démontez le clavier avec un tournevis. Ce qu'on cherche se trouve au milieu, c'est-à-dire la membrane à 3 couches et le circuit électronique relié au câble USB..

2e ÉTAPE Retirez le circuit électronique de la membrane, ainsi que le tampon qui relie le circuit à membrane.

3e ÉTAPE Rattachez la membrane au circuit électronique en utilisant le tampon, le circuit, les écrous et les boulons.

4e ÉTAPE Recouvrez les deux côtés avec du papier vinyle transparent, et mettez de la glue près des bords pour maintenir les trois membranes en place.

5e ÉTAPE Créez un autocollant pour chaque touche, en les posant bien sur les contacts. (Par exemple, la barre Espace est très grande, mais son contact très petit, ainsi, il faudra faire attention à bien mettre l'autocollant sur le contact, et pas seulement sur l'emplacement de la touche.)

6e ÉTAPE Enroulez-le pour pouvoir l'emporter où bon vous semblera.

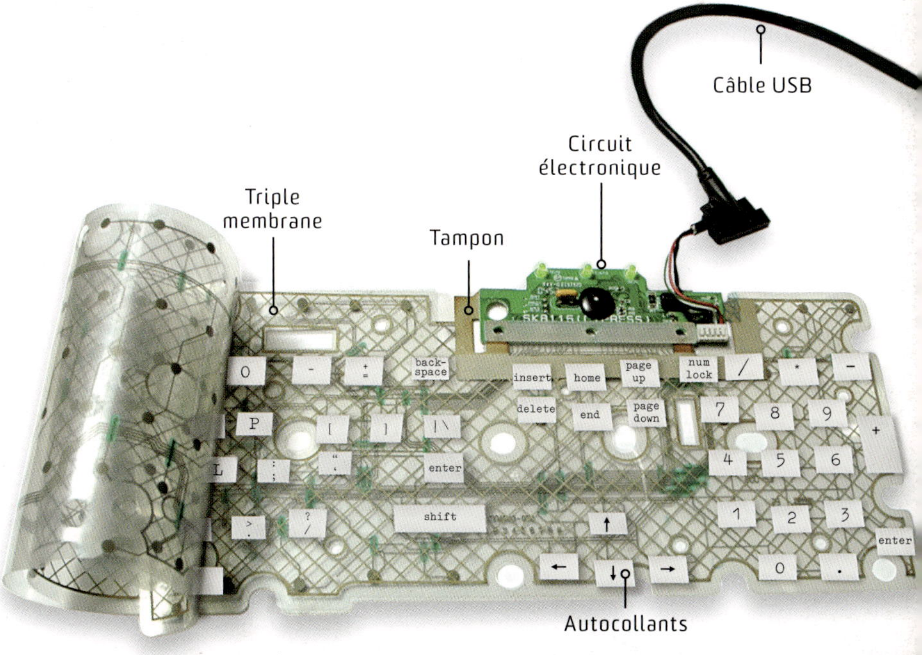

CONSTRUISEZ-LE !!

033 TRANSFORMER UNE IMPRIMANTE EN BROYEUR DE DOCUMENTS

COÛT €€€

TEMPS ⌚⌚⌚

FACILE • • • • • DIFFICILE

Détruisez tous vos documents sensibles grâce à cette imprimante modifiée.

MATÉRIEL

Imprimante laser capable d'imprimer 25 pages par minute
Tournevis
Petite platine Veroboard
Deux circuits intégrés LM3903
Deux condensateurs électrolytiques 100 µF, 6 volts
Fil électrique
Pince à dénuder
Fer et fil à souder
Moteur DC 6 volts, 60 mA
Perceuse
Glue
Alimentation DC 5 volts
Destructeur de documents léger et bon marché (le genre que l'on pose sur une corbeille à papier)
Capuchons de connexion

1re ÉTAPE Éteignez, débranchez votre imprimante, puis ouvrez l'arrière grâce à un tournevis. Retirez le coronaire, c'est-à-dire la partie qui lie le toner au papier, car il pose un risque d'incendie..

2e ÉTAPE Retirez le haut et les côtés de l'imprimante et videz-la : retirez l'alimentation, les processeurs, les moteurs, les ventilateurs, les unités laser, les cartouches de toner ainsi que tous les circuits électroniques et les fils électriques. Ne touchez pas aux solénoïdes (les câbles en boucle qui contrôlent les bacs de l'imprimante) ni aux cartouches de toner, qui contrôleront le mouvement des bacs. Remettez les couvercles de l'imprimante en place.

3e ÉTAPE Pour fabriquer le contrôleur, installez les deux circuits intégrés LM3903 sur le Veroboard. Connectez chaque condensateur à l'un des circuits intégrés, en soudant la cathode des condensateurs à la broche 2 des circuits intégrés et l'anode aux broches 1.

4e ÉTAPE Installez le contrôleur dans le boîtier, puis soudez chaque solénoïde de l'imprimante à un des deux circuits intégrés : les anodes des solénoïdes vont sur la broche 8, et les cathodes sur la broche 6.

5e ÉTAPE Remplacez le moteur de l'imprimante par le moteur DC 6 volts, 60 mA. Installez-le dans l'imprimante en utilisant les vis du moteur d'origine.

6e ÉTAPE Collez l'alimentation DC 5 volts à l'intérieur du boîtier, sur un des côtés, près de l'emplacement d'origine de la source d'alimentation. Dénudez ensuite le câble de sortie et connectez les câbles positif et négatif ((même remarque que plus haut, j'ai enlevé le pluriel, qui ce coup-ci n'était pas dans l'original))) des électrodes d'alimentation au moteur DC et au destructeur de documents. (Les câbles du destructeur de documents devraient maintenant passer par l'arrière de l'imprimante.)

7e ÉTAPE Attachez des câbles électriques aux électrodes positive et négative ((même remarque, singulier dans l'original)) de l'alimentation DC 5 volts, puis connectez-les au circuit intégré : la cathode sur la broche 5 et l'anode sur la broche 4. Attachez toutes les connexions positives et négatives avec les capuchons de connexion.

ATTENTION
Écoutez bien : ce projet n'est pas destiné aux bricoleurs débutants. Des incendies, des électrocutions, ainsi que d'autres situations indésirables pourraient résulter d'une mauvaise réalisation. Lancez-vous dans ce projet uniquement si vous savez réellement ce que vous faites, et même si c'est le cas, restez toujours extrêmement prudent.

8e ÉTAPE Replacez le couvercle du côté de manière à cacher le moteur. (Découpez un trou pour faire de la place au cas où certaines parties dépasseraient, auquel cas vous pourrez les recouvrir plus tard avec des panneaux.) Percez des trous à l'arrière de l'imprimante, et attachez-y le destructeur de documents avec des vis.

9e ÉTAPE Insérez des feuilles dans le bac à papier, et faites de vos documents privés des confettis.

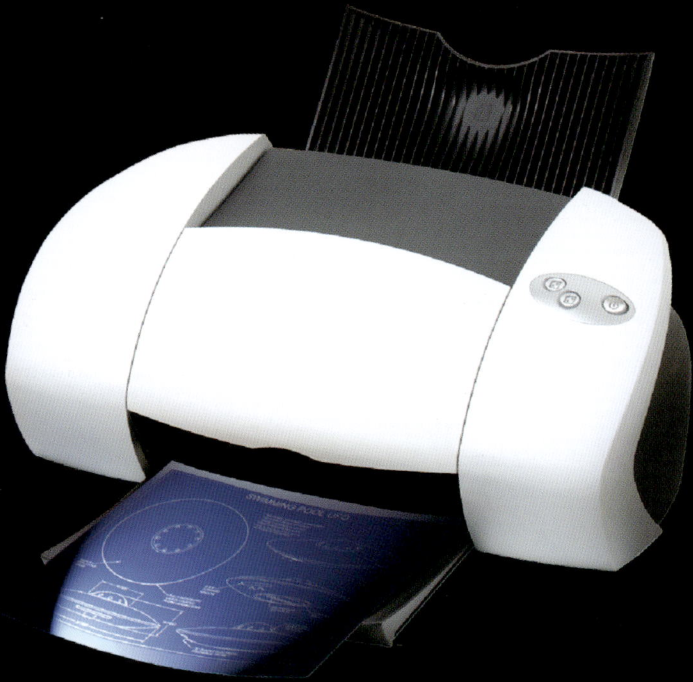

034 IMPRIMER DES SECRETS INVISIBLES

La CIA doit se mordre les doigts de ne pas y avoir pensé.

MATÉRIEL

Imprimante à jet d'encre
Encre UV invisible
Seringue
Lampe UV

1re ÉTAPE Ouvrez votre imprimante à jet d'encre et retirez l'une des cartouches. Ôtez le bouchon pour retirer l'éponge.

2e ÉTAPE Rincez l'éponge et l'intérieur de la cartouche jusqu'à ce que l'eau soit limpide, puis remettez l'éponge dans la cartouche.

3e ÉTAPE Avec la seringue, injectez l'encre invisible dans la cartouche. Refermez le bouchon et remettez l'encre invisible dans l'imprimante.

4e ÉTAPE Ajustez les réglages de votre ordinateur pour qu'il imprime seulement la couleur que vous avez modifiée.

5e ÉTAPE Lisez les infos secrètes de vos documents en les éclairant avec une lampe UV.

035 CUSTOMISER SA TOUR D'ORDINATEUR AVEC UNE GRAVURE

En voilà une tour d'ordinateur qui n'a pas sa place sous le bureau.

MATÉRIEL

- Papier, crayons ou imprimante
- Tour d'ordinateur
- Tournevis
- Peinture aérosol
- Feuille de Plexiglas
- Ruban de masquage
- Lunettes de protection
- Outil rotatif
- Petits outils de gravure
- Vis et boulons
- Tube fluorescent, au besoin

1re ÉTAPE Dessinez votre motif sur une feuille de papier de la même taille que le côté de votre tour.

2e ÉTAPE Dévissez le panneau latéral de votre tour et laissez-le de côté pour plus tard.

3e ÉTAPE Peignez une feuille de Plexiglas avec un aérosol de la couleur de votre tour. Laissez sécher.

4e ÉTAPE Appliquez le ruban de masquage de votre motif sur la feuille de Plexiglas, en faisant attention à l'appliquer du côté peint.

5e ÉTAPE Mettez vos lunettes de protection et commencez à graver avec l'outil rotatif. Suivez les lignes de votre dessin sur le papier et gravez-le sur le Plexiglas qui se trouve dessous. Travaillez doucement et minutieusement, pour éviter de gâcher la gravure.

6e ÉTAPE Retirez la feuille et le ruban de masquage avant d'essuyer le Plexiglas.

7e ÉTAPE Sur le panneau métallique, mesurez et découpez un trou légèrement plus petit que le Plexiglas.

8e ÉTAPE Percez quatre trous dans les coins du Plexiglas et dans le boîtier. Attachez le panneau engravé au cadre métallique avec des vis assez petites pour tenir dans le boîtier.

9e ÉTAPE Si votre machine n'a pas de tube fluorescent, installez-en un vous-même. Branchez-le soit sur l'alimentation, soit directement sur la carte mère. (Votre choix dépendra du type d'ampoule que vous avez acheté, et du type d'ordinateur que vous possédez.)

10e ÉTAPE Utilisez les vis et les boulons d'origine pour rattacher le panneau métallique avec le Plexiglas sur la tour.

036 ALLUMER SON ORDINATEUR AVEC UN INTERRUPTEUR MAGNÉTIQUE

Éloignez les voleurs de votre ordinateur avec cet interrupteur pratique.

MATÉRIEL

Tournevis
Tour d'ordinateur avec une face avant en plastique
Pince à dénuder
Interrupteur reed
Écrou en acier ou en fer
Scotch isolant
Petit aimant

1re ÉTAPE Ouvrez votre tour d'ordinateur et retirez la face avant pour révéler les câbles de l'interrupteur. Découpez un des fils, et dénudez chacune de ses extrémités.

2e ÉTAPE Positionnez l'interrupteur reed entre les deux extrémités et entortillez-les, afin d'entourer l'interrupteur.

3e ÉTAPE Scotchez l'interrupteur reed à l'intérieur du panneau frontal de votre ordinateur et scotchez l'écrou en acier à côté. Refermez l'ordinateur.

4e ÉTAPE Pour allumer votre ordinateur, poussez le bouton et posez un aimant sur l'endroit où est localisé l'interrupteur reed.

Dorénavant, si quelqu'un essaie d'allumer votre machine sans aimant, ce sera sans espoir.

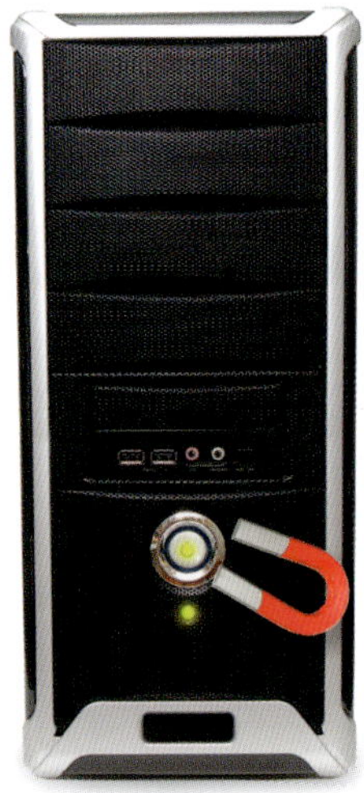

5 MINUTES PROJET

037 CRÉER UN DISQUE DUR EXTERNE

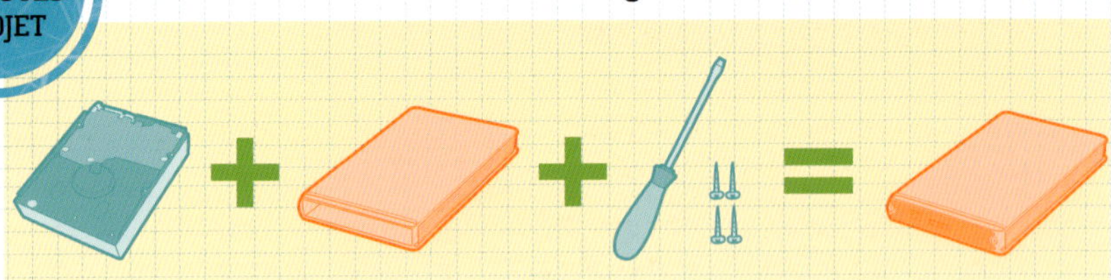

1re ÉTAPE Récupérez un disque dur fonctionnel d'une tour ou d'un ordinateur portable.

2e ÉTAPE Repérez les ports du socle du disque dur interne et attachez-les au disque dur.

3e ÉTAPE Alignez les trous du disque dur et du socle, puis vissez-les.

4e ÉTAPE Insérez le tout dans le boîtier pour disque dur. Vissez la façade avant, en faisant attention à bien aligner

038 COLORER SON ORDINATEUR PORTABLE

Une teinture pour ordinateur pour changer la monotonie des couleurs.

MATÉRIEL

Ordinateur portable en plastique blanc
Petit tournevis
Papier de verre
Alcool dénaturé
Essuie-tout
Gants en caoutchouc
Grande casserole
2 litres d'eau
Teinture pour tissu
Cuillerées à soupe de sel de table

1re ÉTAPE Démontez prudemment votre ordinateur portable. Il vous faudra sûrement un petit tournevis pour enlever les vis qui maintiennent le boîtier, la batterie et autres. Séparez les parties en plastique (celles que vous colorerez) des parties en métal et électroniques.

2e ÉTAPE Frottez les parties en plastique au papier de verre pour enlever la couche brillante, qui empêcherait la teinture d'accrocher de manière efficace. Au cas où vous désireriez une légère brillance sur votre ordinateur, vous pouvez la laisser, mais gardez à l'esprit que la teinture prendra plus de temps et qu'il en résultera certainement des taches disgracieuses.

3e ÉTAPE Nettoyez toutes les parties avec de l'alcool dénaturé et de l'essuie-tout, puis laissez sécher..

4e ÉTAPE Enfilez vos gants en caoutchouc, et versez 2 litres d'eau dans la casserole. Ajoutez la teinture, 2 cuillerées à soupe de sel, et mélangez.

5e ÉTAPE Placez la casserole sur la cuisinière et faites chauffer. Quand l'eau commence à bouillir, placez-y les éléments de l'ordinateur que vous souhaitez teindre.

6e ÉTAPE Ajoutez de l'eau si celle-ci s'évapore, et mélangez de temps en temps. Sachez que les plus gros éléments prennent plus de temps à se teindre.

7e ÉTAPE Une fois que vous êtes satisfait de la teinture d'un élément, retirez-le de la casserole, essuyez-le, rincez à l'eau froide, avant de le sécher dans ses moindres recoins.

8e ÉTAPE Remontez votre ordinateur, et considérez à quel point vous êtes génial.

CONSTRUISEZ-LE !!

039 UN BOÎTIER STEAMPUNK POUR SON ORDINATEUR

Donnez à votre machine high-tech le look rétro de l'Angleterre victorienne.

COÛT €

TEMPS ⌚⌚⌚

FACILE ● ● ● ○ ○ DIFFICILE

MATÉRIEL

- Ordinateur portable
- Papier-calque
- Feuille adhésive épaisse double face
- Feuilles de placage en bois
- Papier de verre
- Cutter
- Eau chaude
- Ruban de masquage
- Pinceaux avec de la peinture
- Polyuréthane
- Super Glue
- Décorations diverses

1re ÉTAPE Posez le papier-calque sur l'arrière de votre ordinateur et tracez au crayon les contours de votre futur placage en bois, en laissant des trous pour les branchements, les ventilateurs et les vis.

2e ÉTAPE Ouvrez votre ordinateur et, en utilisant la même méthode, créez des motifs pour le cadre qui entoure l'écran et pour la surface entourant le clavier.

3e ÉTAPE Posez la feuille adhésive sur le côté non noble du placage en bois.

4e ÉTAPE Passez un coup de papier de verre sur le bois de manière à le lisser.

5e ÉTAPE Scotchez le papier-calque sur le placage et découpez-le avec un cutter. Découpez aussi les morceaux qui entoureront l'écran et le clavier.

6e ÉTAPE Découpez des fentes diagonales à chaque coin du placage afin de pouvoir le plier autour des coins de l'ordinateur.

7e ÉTAPE Immergez le placage dans de l'eau afin de le rendre malléable. Prenez soin de sécher tout surplus d'eau avant de le poser, et retirez la batterie, pour plus de sécurité.

8e ÉTAPE Utilisez le ruban de masquage pour scotcher le bois à l'ordinateur. Laissez-le sécher pour qu'il se moule bien à la forme de l'ordinateur, puis retirez-le pour l'instant.

9e ÉTAPE Sur votre ordinateur, utilisez le ruban de masquage pour masquer toutes les zones que le placage ne recouvre pas, y compris la charnière. Peignez ensuite ces zones de la couleur de votre choix.

10e ÉTAPE Ôtez la surface adhésive du placage avant de poser celui-ci sur l'ordinateur, en commençant par l'intérieur. N'appuyez pas dessus tant qu'ils ne sont pas parfaitement alignés, et appuyez dessus progressivement pour faire sortir les bulles d'air. S'il le faut, découpez ce qui dépasse.

11e ÉTAPE Masquez les zones qui ne sont pas recouvertes de placage, puis enduisez le placage de polyuréthane.

12e ÉTAPE Ajoutez des décorations avec de la Super Glue. Appliquez une nouvelle couche de polyuréthane pour qu'il se conserve bien.

5 MINUTES PROJET

040 POUR UN CLAVIER PHOSPHORESCENT

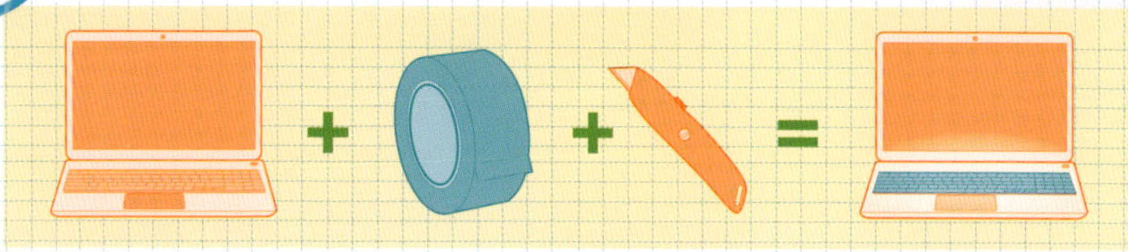

1re ÉTAPE Nettoyez délicatement votre clavier avec de l'alcool dénaturé et du coton.

2e ÉTAPE Avec un cutter, découpez des carrés de la taille des touches du clavier dans du scotch phosphorescent, en découpant les coins.

3e ÉTAPE Alignez chaque carré de scotch avec une touche et appliquez-le doucement.

4e ÉTAPE Éteignez la lumière, pour pouvoir maintenant taper aisément dans le noir.

CONSTRUISEZ-LE !!

041 SYSTÈME DE REFROIDISSEMENT POUR ORDINATEUR PORTABLE

Refroidissez votre machine grâce à la conductivité thermique du cuivre

COÛT	€€
TEMPS	
FACILE ● ● ● ● ○ DIFFICILE	

MATÉRIEL

Outil rotatif
Papier
Ciseaux
Feuille de cuivre de 0,5 mm
Disailles
Perceuse avec une mèche à bois de 6 mm
Deux tubes en cuivre de 6 mm de diamètre et de 5 cm de longueur
Fer et du fil à souder
Tuyau en plastique
Tuyau en caoutchouc
Pompe d'assèchement

1re ÉTAPE Avec l'outil rotatif, découpez le boîtier de votre ordinateur portable pour révéler les ailettes du radiateur et du dissipateur thermique.

2e ÉTAPE Déterminez la taille idéale que devrait avoir votre extracteur de chaleur. Insérez des bouts de papier entre les ailettes du dissipateur thermique et découpez-les jusqu'à ce qu'ils tiennent parfaitement. Pour un refroidissement efficace, les ailettes doivent pénétrer aussi profondément que possible dans le dissipateur thermique.

3e ÉTAPE Après avoir pris les mesures pour les ailettes en cuivre de votre extracteur de chaleur, nettoyez la feuille de cuivre avec de l'eau et du savon. Tracez dessus sept ailettes, en vous aidant de votre gabarit en papier.

4e ÉTAPE Sur le long d'un des rebords courts de chaque ailette, tracez deux trous de 6 mm de diamètre, séparés par une distance de 16 mm. Le tube de cuivre de 6 mm doit pouvoir tenir fermement dans ces trous une fois ceux-ci percés.

5e ÉTAPE Découpez les ailettes en cuivre avec les cisailles, et utilisez la perceuse pour faire les trous. Réglez la vitesse de la perceuse au niveau faible et percez sur une surface plane, pour éviter que la feuille ne se déforme.

6e ÉTAPE Enfilez les ailettes sur les deux morceaux de tube de cuivre. Vous pouvez vous aider de pièces de monnaie, et les placer temporairement entre chacune, de manière à les aligner parfaitement avec les ailettes du dissipateur thermique. À présent, soudez les tubes avec les ailettes.

7e ÉTAPE Découpez un morceau de tuyau en plastique d'une longueur de 3,75 cm environ. Chauffez-le jusqu'à ce que vous puissiez le faire tenir sur les deux tubes de cuivre d'un côté de l'assemblage tube-ailette. Insérez ensuite cet assemblage dans le dissipateur thermique de votre ordinateur.

8e ÉTAPE Accrochez deux morceaux de tuyau en caoutchouc aux morceaux de tube de cuivre qui sont branchés au dissipateur thermique. Connectez ensuite ces deux morceaux de tuyau à une pompe d'assèchement remplie d'eau. Allumez la pompe et l'eau circulera, en faisant évacuer la chaleur de l'ordinateur, ce qui aura pour conséquence de la refroidir.

042 CONTRÔLER VOTRE SOURIS À DISTANCE

Dirigez votre souris avec un pointeur laser.

MATÉRIEL

Souris optique

Pointeur laser inférieur à 10 mW

1re ÉTAPE Posez votre souris contre l'écran de votre ordinateur de sorte qu'elle soit soutenue verticalement, son ventre face à vous.

2e ÉTAPE Repérez le détecteur de la souris, celui-ci ressemblant probablement à une petite bulle noire.

3e ÉTAPE Dirigez le faisceau lumineux de votre laser sur ce même détecteur. Une fois que vous l'avez repéré, vous pourrez le déplacer à proximité de la souris pour contrôler le curseur de votre ordinateur.

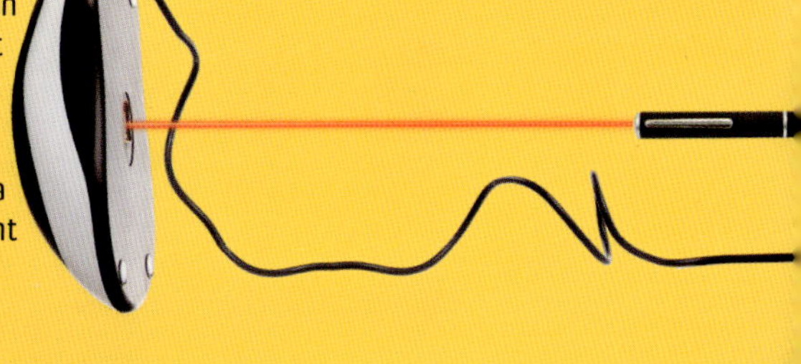

043 TROMPER LES VOLEURS AVEC UN FOND D'ÉCRAN TRUQUÉ

Dissuadez les voleurs en créant un fond d'écran sans queue ni tête.

1re ÉTAPE Prenez une capture d'écran du bureau de votre ordinateur, et mettez cette image en fond d'écran.

2e ÉTAPE Cachez les vraies icônes dans un autre dossier.

3e ÉTAPE Installez-vous et observez les gens essayer en vain d'ouvrir vos dossiers.

5 MINUTES PROJET

044 TRANSFORMER DES TOUCHES DE CLAVIER EN PUNAISES

1re ÉTAPE Retirez les touches d'un clavier d'ordinateur, et découpez le surplus de plastique à l'arrière de chaque touche à l'aide d'un outil rotatif.

2e ÉTAPE Élargissez la cavité à l'intérieur de chaque touche avec l'outil rotatif. Mettez-y un peu de glue.

3e ÉTAPE Insérez une punaise dans le trou, la pointe vers l'extérieur. Vous pourrez maintenant placarder tout partout des messages importants.

045

PROTÉGER SON ÉCRAN DES REGARDS INDISCRETS

Marre des fouineurs qui scrutent votre écran ? Improvisez un écran qui protégera enfin votre vie privée.

MATÉRIEL

Écran LCD
Cutter
Pinceau
Diluant pour peinture
Serviettes en papier
Morceau de plastique
Vieilles lunettes
Scotch
Super Glue

1re ÉTAPE Débranchez un vieil écran LCD et enlevez le cadre en plastique qui l'entoure.

2e ÉTAPE Découpez les rebords de l'écran à l'aide d'un cutter, puis enlevez les pellicules polarisées et antireflet. Gardez la pellicule polarisée et souvenez-vous de son orientation.

3e ÉTAPE Appliquez du diluant pour peinture pour dissoudre la glue qui se trouve sur l'écran, en faisant bien attention de ne pas en faire couler sur le cadre. Essuyez ensuite avec des serviettes en papier et raclez la glue dissoute avec un morceau de plastique.

4e ÉTAPE Remontez votre écran. À ce stade, si vous l'allumez, l'écran sera tout blanc et vierge. Si vous mettez la pellicule polarisée en face, vous devriez y voir l'image..

5e ÉTAPE Retirez à présent les verres d'une vieille paire de lunettes. Scotchez les lentilles sur la pellicule polarisée et tracez le contour.

6e ÉTAPE Soulevez la pellicule polarisée avec les lunettes comme si vous les portiez, et regardez l'écran. Si vous pouvez voir l'image, découpez les lentilles polarisées avec un cutter.

7e ÉTAPE Collez les lentilles polarisées sur les lunettes, et portez-les pour enfin profiter seul des images invisibles à l'écran.

BRICOLAGE EXPRESS

046 RECYCLER UN VIEUX CIRCUIT ÉLECTRONIQUE

Il vous reste un vieux circuit électronique laissé de côté ? Ne le jetez pas, on peut toujours lui trouver une utilité.

UN PRESSE-PAPIERS POUR GEEK

Avec un pistolet à air chaud et des pinces, retirez tous les morceaux de soudure, de ferraille, etc., et plastifiez ensuite le circuit pour le rendre lisse. Utilisez la barrette d'un autre presse-papiers et installez-le pour obtenir un presse-papiers high tech trop classe.

UN MÉDIATOR NERDY

Avec un fer à souder, retirez tous les composants électriques du circuit, et utilisez l'outil rotatif pour découper un morceau en forme de médiator. Passez un coup de papier de verre jusqu'à ce qu'il soit lisse, et vous serez prêt pour une jam session du tonnerre.

UN TAPIS DE SOURIS-CIRCUIT

Dessoudez un circuit électronique pour le vider entièrement, et recouvrez les deux côtés avec du vinyle. Posez votre nouveau tapis de souris sur votre bureau et voyagez sur la Toile jusqu'au bout de la nuit.

UNE BOÎTE À CIRCUITS ÉCLAIRÉE

Prenez quatre circuits dénudés et assemblez-les pour former une boîte. Percez des trous dans chaque coin, et attachez-les ensemble avec des colliers de serrage. Accrochez cette boîte à une ampoule suspendue et créez la lampe d'ambiance 2.0 par excellence.

047 CRÉER UN SUPPORT D'ORDINATEUR PORTABLE AVEC UN CLASSEUR

1re ÉTAPE Avec une scie à métaux, découpez un morceau de rail d'aluminium de la longueur d'un classeur. Utilisez une lime à métaux pour limer les extrémités du rail et ainsi éviter de vous écorcher.

2e ÉTAPE Posez de l'adhésif double face sur le côté intérieur du rail..

3e ÉTAPE Percez deux rangées de trous assez grands pour y insérer des boulons : une à travers le rail et une autre à travers le classeur.

4e ÉTAPE Alignez les trous et attachez le rail au classeur avec des boulons et des écrous par le dessous. Recouvrez les boulons avec du ruban adhésif pour éviter de rayer votre ordinateur portable.

5e ÉTAPE Mesurez et découpez un morceau de feutre antidérapant de la taille du rail, et scotchez-le à son côté intérieur. Mesurez et découpez un morceau de feutre pour recouvrir la partie supérieure du classeur et attachez-le avec du ruban adhésif. Cela empêchera à votre ordinateur portable de glisser.

6e ÉTAPE Découpez un trou sur l'un des coins du classeur à l'aide d'un outil rotatif, pour faire passer les câbles.

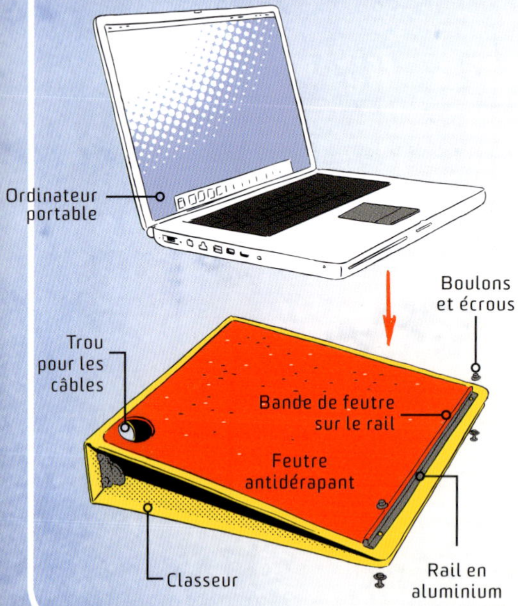

048 INCORPORER UN HUB USB À UN BUREAU

1re ÉTAPE Pour les protéger contre la sciure, éloignez de votre bureau votre ordinateur ainsi que tous les autres appareils électroniques.

2e ÉTAPE Mesurez votre hub et marquez un emplacement de la même taille sur votre bureau en bois à l'aide d'un crayon et d'une règle.

3e ÉTAPE Avec une scie sauteuse, découpez le trou en suivant les traits. Il vaut mieux le découper un peu plus petit (vous pourrez toujours l'agrandir avec du papier de verre) que trop grand (il faudra boucher les espaces avec du mastic).

4e ÉTAPE Retirez le morceau de bois découpé et insérez le hub USB pour vérifier qu'il tienne. Ajustez et lissez l'ouverture avec du papier de verre.

5e ÉTAPE Avec de l'époxy, attachez le hub USB dans le trou et laissez sécher.

6e ÉTAPE Faites passer le câble USB du hub derrière votre bureau et branchez-le sur votre ordinateur.

7e ÉTAPE La prochaine fois que vous aurez besoin de brancher un appareil, vous n'aurez plus besoin de contourner votre écran ; branchez-le simplement sur le hub de votre bureau.

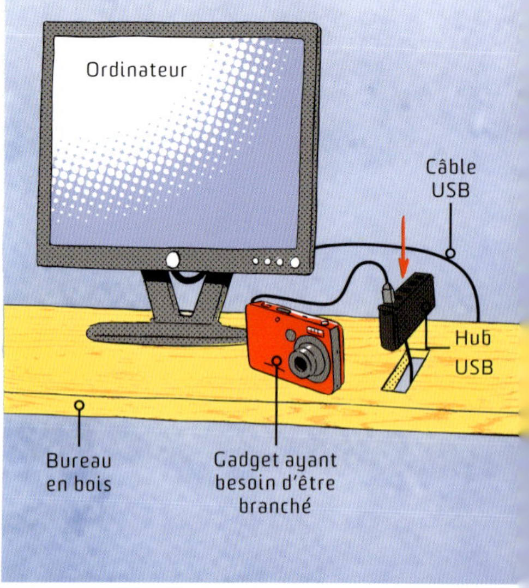

049 CACHER UNE IMPRIMANTE DANS UN TIROIR

1re ÉTAPE Retirez le panneau avant d'un tiroir, puis percez un trou dans le panneau arrière pour y faire passer les câbles. (Il vaut mieux faire cela dans un tiroir situé vers le bas, pour que le poids de l'imprimante ne crée pas de tension dans la structure du meuble.)

2e ÉTAPE Mesurez et découpez deux espaces de taille égale pour les charnières plates, sur le bord avant du panneau du bas. De cette façon, les panneaux avant et inférieurs ((ou inférieur ?? comme étape suivante, juste en dessous)) seront bien alignés quand vous rattacherez l'avant.

3e ÉTAPE Alignez les panneaux avant et inférieur et vissez les charnières plates.

4e ÉTAPE Baissez le panneau avant et vissez les charnières de soutien sur les panneaux gauche et droite et sur le panneau avant.

5e ÉTAPE Placez votre imprimante dans le tiroir et faites passer les câbles par le trou du fond pour les brancher à votre ordinateur (ou à la prise d'alimentation, si celle-ci fonctionne sans fil).

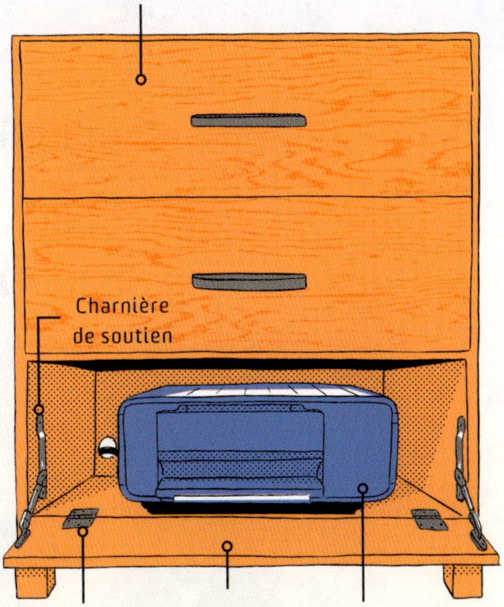

050 ACCROCHER DES OBJETS DERRIÈRE UN ÉCRAN

1re ÉTAPE Si vous disposez d'un espace limité sur votre bureau, vous pouvez utiliser l'arrière de votre écran pour stocker des objets. Appliquez de l'adhésif double face ou du Velcro adhésif sur l'arrière de votre écran, ou achetez des crochets en plastique munis de ventouses ou de Velcro.

2e ÉTAPE Attachez-y des fournitures de bureau selon vos besoins, comme du ruban adhésif, des mouchoirs, des fiches, une agrafeuse, ou bien un récipient pour stylos et ciseaux. Mais pas seulement, car les bonbons et les écouteurs peuvent aussi faire passer le temps plus vite au travail…

3e ÉTAPE Faites attention à n'utiliser que des objets légers, pour éviter de faire basculer l'écran. Faites aussi attention à ne pas recouvrir le ventilateur. Sinon, votre écran pourrait entrer en surchauffe, ce qui est pire que de ne pas avoir de tiroirs.

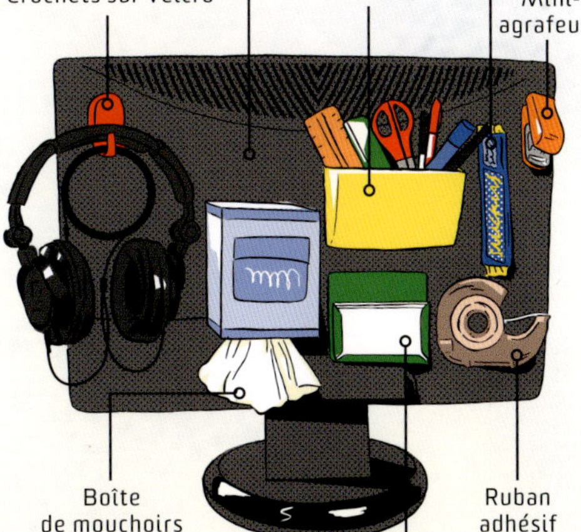

051 MUSCLER SES BRAS AVEC DES HALTÈRES EN CD

Les CD sont plus ou moins obsolètes. En revanche, des biceps bien gonflés, ça ne vieillit pas.

MATÉRIEL

Barre solide filetée de 1,25 cm de diamètre
Règle
Marqueur permanent
Étau
Scie à guichet ou une scie à métaux
4 rondelles et écrous de 1,25 cm
Environ 150 CD
Clé de 1,25 cm

1re ÉTAPE Mesurez et marquez un trait à 15 cm d'une des extrémités de la barre. (C'est à cet endroit que s'arrêtera la première pile de CD.)

2e ÉTAPE Placez votre main sur la barre, en laissant un espace d'environ 1,25 cm entre le trait et votre main. Dessinez un autre trait à 1,25 cm de l'autre côté de votre main.

3e ÉTAPE Mesurez et faites un trait à 15 cm du second trait pour la deuxième pile de CD.

4e ÉTAPE Placez la barre dans un étau. Découpez tout excès après le troisième trait avec une scie à guichet ou à métaux.

5e ÉTAPE Enfilez un écrou de chaque côté de la barre jusqu'aux traits centraux. Ajoutez une rondelle de chaque côté.

6e ÉTAPE Mettez environ 75 CD de chaque côté, puis glissez une rondelle et un écrou de chaque côté. Serrez au moyen d'une clé.

7e ÉTAPE Enlevez votre nouvelle haltère de 4,5 kg de l'étau et faites quelques exercices – ça ne va pas nécessairement vous bodybuilder, mais vous êtes en bonne voie pour obtenir des biceps bien sculptés.

052 FABRIQUER UNE BOÎTE EN DISQUETTES

Ordonnez votre bureau et gérez votre stock de disquettes de manière optimale, avec ce petit bricolage très simple.

MATÉRIEL

Cinq disquettes
Perceuse
Douze colliers de serrage
Ciseaux

1re ÉTAPE Repérez les petites fossettes à l'arrière de chaque disquette. Percez-y à chaque coin quatre de vos cinq disquettes.

2e ÉTAPE Placez deux de ces quatre disquettes devant vous afin d'aligner les trous. Faites passer un collier de serrage par les deux trous du bas, puis un autre collier de serrage par les deux trous du haut.

3e ÉTAPE Répétez cette étape avec les deux autres disques, puis assemblez les quatre disquettes pour leur donner la forme d'une boîte

4e ÉTAPE Percez quatre trous dans la cinquième disquette, cette fois-ci un peu au-dessus des fossettes. Ce sera le fond de la boîte.

5e ÉTAPE Pour attacher la disquette du fond à la boîte, alignez-la à 90° avec un des côtés. Faites passer un collier de serrage par les trous du bas et par ceux du côté.

6e ÉTAPE Fermez la boîte et enfilez des colliers de serrage à travers les trous restants du fond et des côtés. Découpez alors les extrémités des colliers.

7e ÉTAPE Serrez et taillez les colliers, puis remplissez la boîte de stylos et émerveillez-vous de votre incroyable sens de l'ordre..

5 MINUTES PROJET

053 RANGER DES CÂBLES EN VRAC

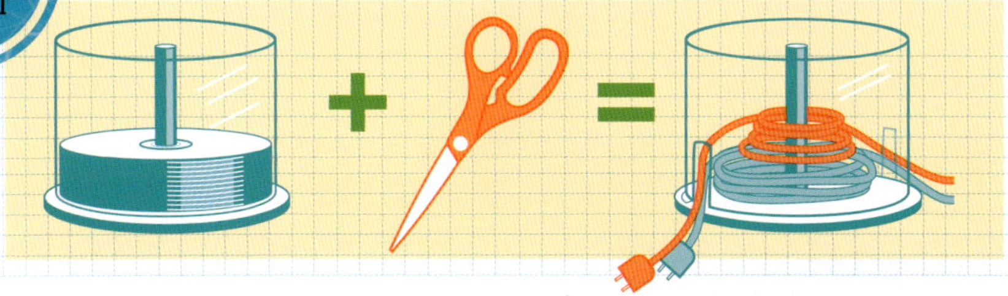

1re ÉTAPE Retirez le couvercle d'un boîtier CD cylindriques. Découpez une fente en bas du couvercle puis une autre du côté opposé.

2e ÉTAPE Enroulez les câbles autour des piliers et faites passer les extrémités par les fentes.

3e ÉTAPE Tirez sur une des extrémités d'un câble pour ajuster la longueur qui dépasse du boîtier.

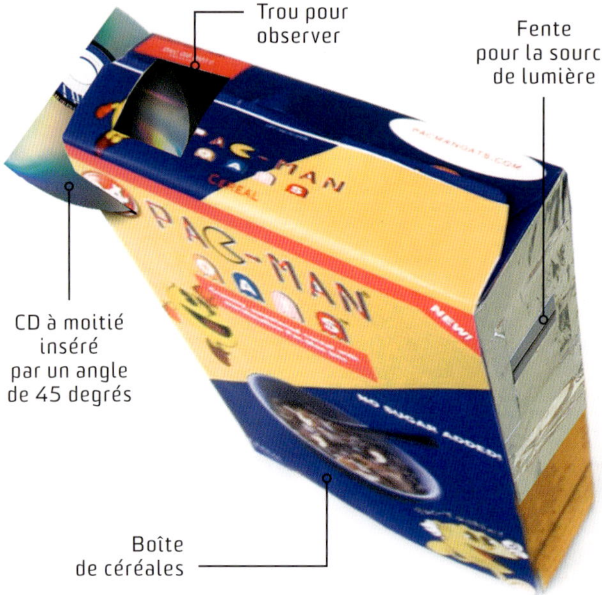

054 FABRIQUER UN SPECTROMÈTRE AVEC UNE BOÎTE DE CÉRÉALES

Un dispositif tout simple pour observer des arcs-en-ciel

MATÉRIEL

Lunettes de sûreté
Gants épais
CD
Serre-joint
Cutter
Boîte de céréales
Ruban adhésif
Source lumineuse

1re ÉTAPE Tout en portant des lunettes de sûreté, coincez le CD avec le serre-joint sur le rebord d'une table. Entaillez-le au centre, de sorte à le diviser en deux, puis cassez-le en deux.

2e ÉTAPE Faites une fissure horizontale d'environ 2,5 cm de longueur sur un côté de la boîte de céréales, près du haut. La fissure doit être environ aussi épaisse qu'une pièce de monnaie.

3e ÉTAPE De l'autre côté de la boîte, faites une deuxième incision en face de la première. Avec votre cutter, prolongez cette incision sur les côtés avant et arrière de la boîte, en descendant d'un angle de 45 degrés. Elle doit être assez profonde pour que la moitié de CD puisse en partie s'insérer dedans. Maintenez le CD en place avec du ruban adhésif..

4e ÉTAPE Au-dessus du CD, découpez un carré de 1,25 cm de côté dans le carton.

5e ÉTAPE Tenez la boîte de manière que le trou pour observer se trouve vers le haut, et la fente vers la source lumineuse. Regardez dans le trou pour observer les rayons de lumière.

CONSTRUISEZ-LE !!

055 SE BRICOLER UN DÉTECTEUR DE RADIOACTIVITÉ

COÛT	€€
TEMPS	
FACILE ● ● ○ ○ ○ DIFFICILE	

Ne redoutez plus les retombées radioactives, grâce à cet appareil révélateur du niveau de radioactivité.

MATÉRIEL

- Boîte de conserve en aluminium
- Cutter
- Transistor Darlington NPN
- Scotch isolant
- Fil électrique
- Batterie 9 V avec un contact de pression
- Résistance 4,7 kOhms
- Fer et du fil à souder
- Feuille d'aluminium
- Élastiques
- Multimètre

1re ÉTAPE Percez un trou dans la boîte de conserve à l'aide d'un cutter. Tordez l'électrode base du transistor et insérez-la dans la boîte, puis attachez-la avec du ruban adhésif.

2e ÉTAPE Attachez le collecteur du transistor à un fil électrique vers le pôle négatif du contact de pression de la batterie. Les électrodes du transistor doivent être orientées vers le haut.

3e ÉTAPE Soudez une des électrodes de la résistance à la base de la boîte de conserve, près du bord. Attachez l'autre électrode au pôle positif du contact de pression au moyen d'un fil électrique.

4e ÉTAPE Scotchez le contact de pression sur le côté de la boîte de conserve, puis branchez la batterie.

5e ÉTAPE Recouvrez la partie ouverte de la boîte de conserve avec du papier aluminium. Tendez bien le papier aluminium, et maintenez-le en place avec un élastique.

6e ÉTAPE Attachez une des sondes du multimètre à la broche transmetteur du transistor, et l'autre au fil qui relie la résistance à la batterie.

7e ÉTAPE Allumez le multimètre et attendez que la mesure se stabilise. Évitez pendant ce laps de temps de toucher la boîte de conserve ou de vous déplacer autour. Une fois la mesure stabilisée, vous aurez un repère pour détecter la radiation dans votre pièce. Évitez les sources de courant, qui peuvent perturber la mesure.

8e ÉTAPE Afin de mesurer la radioactivité d'un objet par rapport au repère, placez l'objet près de la boîte de conserve et observez les changements qui apparaissent sur l'affichage.

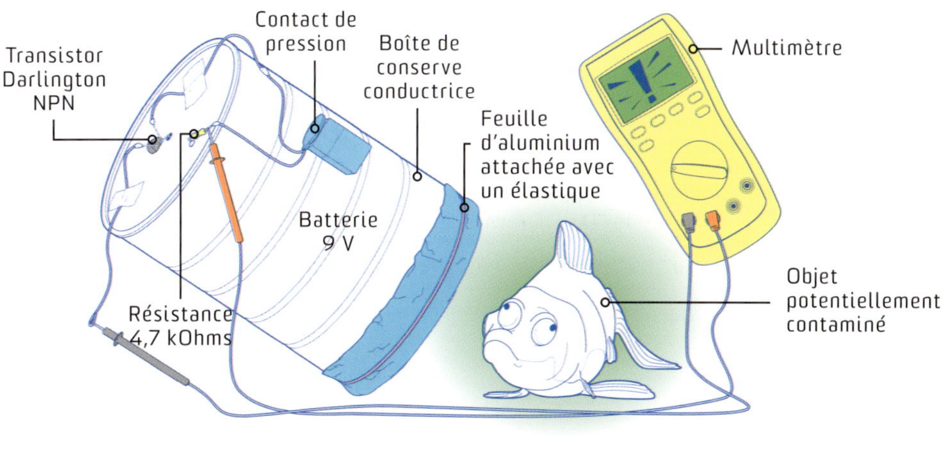

Bridgeport
SERIES I CNC

T'AS VRAIMENT CONSTRUIT CE TRUC ?!

056 UN MICROSCOPE ÉLECTRONIQUE À BALAYAGE INFORMATIQUE

Voilà certainement le projet de bricolage le plus difficile, et certainement le plus classe jamais réalisé.

Le moins que l'on puisse dire, c'est que Ben Krasnow a construit sa dose de machines improbables ; par exemple, un générateur d'azote liquide fabriqué à partir d'un climatiseur. Cette fois-ci, à la recherche d'un nouveau défi, il a décidé de mettre en travaux le projet le plus coriace qu'il puisse imaginer : un microscope électronique à balayage (MEB), construit à partir d'un vieil oscilloscope, d'une cloche en verre et d'un aimant de réfrigérateur. « Je voulais juste voir si ça pouvait fonctionner », dit-il.

Krasnow a alors commencé par apprendre la physique complexe qui se cache derrière cette machine, avant de parcourir le Web de toutes parts à la recherche de composants bon marché. Dans son atelier, il farfouillait pour trouver des sources d'alimentation qui conviendraient, et des fois, il entreprenait lui-même de construire les pièces qui lui manquaient.

Par exemple, il a construit son canon à électron à partir d'un fil de tungstène qui, quand on le chauffe, libère des nuages d'électrons qui circulent ensuite à travers un tube de cuivre vers un échantillon. Le faisceau d'électron est ensuite concentré sur l'aimant. Le microscope, une fois fini, offre un grossissement d'environ 50 fois supérieur : loin des 1 000 fois obtenues avec un MEB vendu dans le commerce, me direz-vous, mais les experts affirment pourtant que celui de Krasnow n'en est pas moins époustouflant. William Beaty, un ingénieur de recherche qui espérait secrètement construire le premier MEB fait maison, nous a fait part de son sentiment : « Mince alors ! »

STYLE RÉTRO
Krasnow a soigneusement choisi des composants qui reflètent l'esthétique des missions spatiales des années 1960, comme la cloche en verre, ou les interrupteurs à bascule.

CONSTRUISEZ-LE !!

057 TRANSFORMER UNE SIMPLE AMPOULE EN LAMPE À PLASMA

COÛT €€

TEMPS

FACILE ● ● ● ● ● DIFFICILE

Créez une mini-bobine Tesla à l'intérieur d'un objet du quotidien.

MATÉRIEL

Convertisseur Flyback avec un noyau en ferrite (à récupérer dans un vieux téléviseur à tube cathodique)
Pince à dénuder
Tournevis
Scie à métaux
Câble de calibre 18
Câble de calibre 22
Scotch isolant
Outil rotatif
Boîte
Ampoule transparente de 60 watts ou plus
Source d'alimentation DC de 24 V
Interrupteur marche/arrêt
Super Glue
Fil électrique
Douille d'ampoule
Transistor 2N3055 avec dissipateur thermique
Résistance 5 watts 27 kOhms
Résistance 5 watts, 240 kOhms
Fer et du fil à souder

1re ÉTAPE Récupérez un convertisseur dans un vieux téléviseur à tube cathodique. Commencez par éteindre le téléviseur, puis débranchez-le. Ensuite, ouvrez-le, et repérez le convertisseur. (C'est un gros anneau carré en métal avec deux « noyaux » cylindriques attachés dessus, le tout attaché au circuit électronique du téléviseur.)

2e ÉTAPE Retirez le convertisseur en coupant les fils qui le lient au circuit (en laissant un peu de longueur de fil sur le convertisseur) et dévissez les boulons qui le retiennent sur le circuit.

3e ÉTAPE Il y a deux bobines sur les noyaux primaire et secondaire du convertisseur, ils sont recouverts de plastique. Utilisez la scie à métaux pour découper la gaine entourant la bobine du noyau primaire (qui est plus petit). Découpez ensuite la bobine et retirez-la.

4e ÉTAPE Embobinez le câble émaillé de calibre 18 à l'endroit où se trouvait la bobine précédente, en faisant cinq tours environ. Embobinez ensuite le câble de calibre 22 en faisant quatre tours à côté du câble de calibre 18. Attachez les deux câbles avec du scotch isolant.

5e ÉTAPE Avec l'outil rotatif, percez trois trous dans la boîte : un pour la douille, un pour la source d'alimentation et un autre pour l'interrupteur marche/arrêt. Attachez ces éléments sur le dessus et sur le côté de la boîte avec de la Super Glue, et placez le convertisseur à l'intérieur de la boîte.

6e ÉTAPE Vous trouverez une autre bobine sur le noyau secondaire. Pincez les deux extrémités du fil en les tirant, et entortillez-les sur les connecteurs de la douille.

7e ÉTAPE Prenez une des extrémités du câble de calibre 18 embobiné autour du convertisseur et connectez-la à l'électrode « case » du transistor, puis connectez l'autre extrémité du câble à l'interrupteur.

8e ÉTAPE Prenez une des extrémités du câble de calibre 22 et attachez-la à l'électrode « base ». Attachez l'autre extrémité du câble à un fil électrique entre la résistance de 27 kOhms et celle de 240 kOhms.

9e ÉTAPE Complétez le reste du circuit comme indiqué sur le schéma ci-dessous en utilisant des câbles électriques, puis vissez l'ampoule dans la douille, branchez l'engin à la source d'alimentation et allumez l'interrupteur.

10e ÉTAPE Éteignez les lumières et regardez briller votre lampe à plasma.

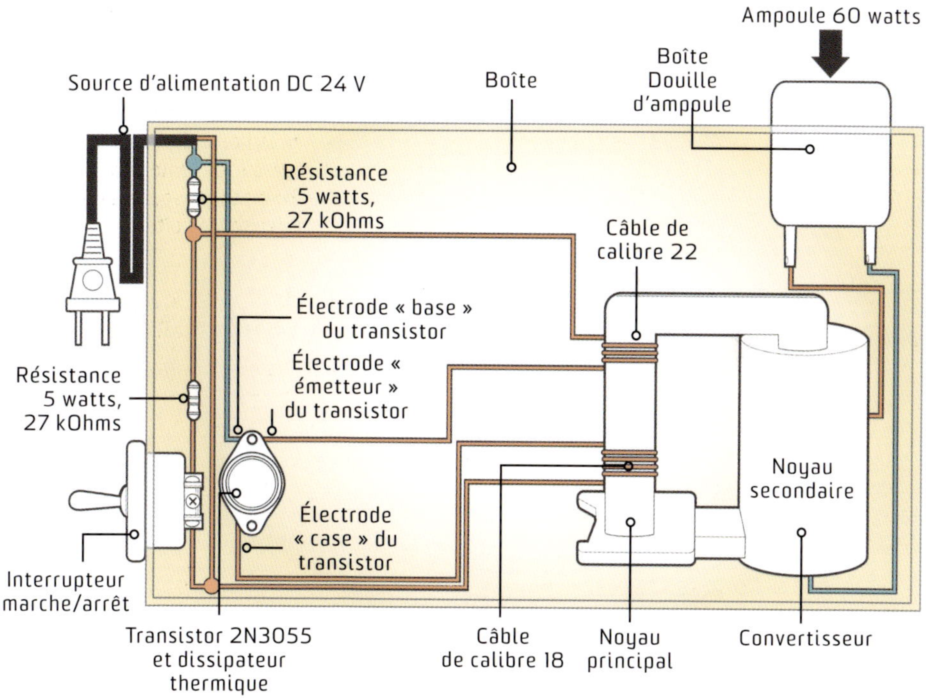

ATTENTION
Tesla a beau avoir inventé le courant alternatif, il n'aimait pourtant pas voir les gens se faire électrocuter avec. Vous éviterez de lui faire de la peine en prenant beaucoup de précautions dans la manipulation du convertisseur, dont la tension est très élevée.

CONSTRUISEZ-LE !!

058 UN DÉCOUPEUR LASER FAIT MAISON

COÛT €€
TEMPS
FACILE ● ● ● ● ○ DIFFICILE

Avant, les lasers étaient réservés aux scientifiques, mais maintenant ils sont à la portée de n'importe quel propriétaire de vieux PC.

MATÉRIEL

- Vieux PC avec un graveur de DVD
- Fer et fil à souder
- Couteau
- Étau
- Lime
- Paire de pinces
- Pince à épiler
- Module AixiZ
- Régulateur de tension LM317
- Résistance 3 kOhms
- Pince à dénuder
- Perceuse
- Colle thermique
- Lunettes de sécurité laser

1re ÉTAPE Débranchez l'ordinateur et ouvrez le boîtier. Repérez et retirez la source d'alimentation, le dissipateur thermique, ainsi que le graveur DVD.

2e ÉTAPE Ouvrez le graveur DVD, soulevez le circuit électronique et retirez la partie contenant la diode laser.

3e ÉTAPE Afin d'extraire la diode laser du dissipateur de chaleur, chargez votre fer à souder avec suffisamment de soudure pour qu'il soit en contact avec les deux électrodes soudées de la diode. Insérez alors un couteau sous le ruban de la diode, et soulevez-le pendant que vous mettez en contact la soudure pour en retirer le ruban.

4e ÉTAPE Placez la diode laser dans un étau et limez le dissipateur thermique. Une fois le dissipateur thermique affaibli, tenez-le avec des pinces et insérez un couteau sous la fente supérieur. Utilisez la pince à épiler pour extraire la diode du dissipateur de chaleur.

5e ÉTAPE Dévissez le module AixiZ (un boîtier pour laser) et placez-le à l'envers sur votre planche de travail. Positionnez la diode laser à l'intérieur (le laser vers le bas),

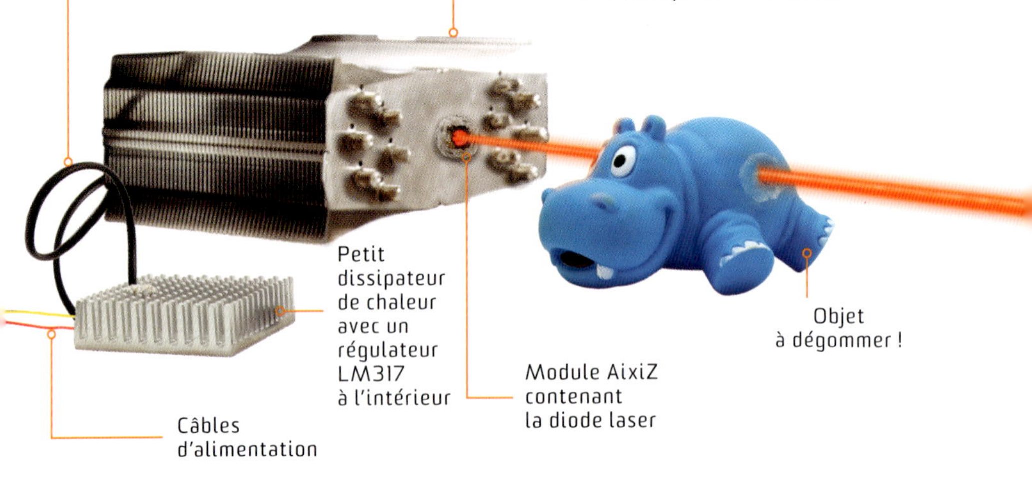

ATTENTION
Les lasers sont aussi cool, que dangereux. Ne le pointez jamais sur quiconque, et ne brûlez jamais des objets pouvant dégager des vapeurs toxiques. Et bien entendu, portez toujours un équipement de protection.

en appuyant délicatement dessus, pour que la diode soit au même niveau que le module.

6e ÉTAPE Attachez deux longues électrodes aux broches positives et négatives de la diode, puis rattachez l'arrière du module AixiZ, en enfilant les électrodes par le trou arrière.

7e ÉTAPE Soudez conjointement une résistance de 3 kOhms aux broches réglables, ainsi que des broches de sortie du régulateur LM317. Ensuite, soudez l'électrode positive du laser à la broche ajustable du régulateur LM317.

8e ÉTAPE Coupez les connecteurs au bout des câbles de la source d'alimentation, coupez et dénudez les fils vert et noir et soudez-les ensemble.

9e ÉTAPE Soudez l'électrode négative de la diode au fil rouge (négatif) de la source d'alimentation, et le fil jaune (positif) de la source d'alimentation à l'électrode entrée du régulateur.

10e ÉTAPE Percez un trou de 1,25 cm de diamètre dans le gros dissipateur de chaleur que vous avez récupéré dans votre ordinateur.

11e ÉTAPE Faites passer le module AixiZ dans le gros dissipateur de chaleur, en faisant attention qu'il ne ressorte pas. Fixez-le avec de la colle thermique.

12e ÉTAPE Avec la colle thermique, fixez le petit dissipateur de chaleur au régulateur LM317 que vous avez branché.

13e ÉTAPE Mettez des lunettes de protection spécifiques pour laser avant de brûler les objets qui vous passent par la main.

5 MINUTES PROJET

059 BRICOLER DES LUNETTES À INFRAROUGE

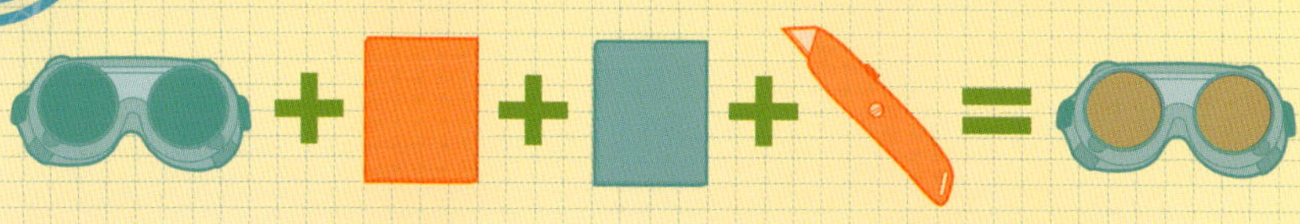

1re ÉTAPE Dévissez les oculaires d'une paire de lunettes de soudeur. Retirez les lentilles vert foncé, et ne laissez que le plastique transparent.

2e ÉTAPE Servez-vous d'une des lentilles vertes comme gabarit pour découper huit cercles de feuilles transparentes bleues, et deux rouges.

3e ÉTAPE Ajoutez quatre morceaux de feuilles transparentes bleues à chaque oculaire et revissez-les sur les lunettes.

4e ÉTAPE Ajoutez un morceau de feuille transparente rouge pour un effet différent. Quoi que vous fassiez, ne regardez le soleil sous aucun prétexte.

T'AS VRAIMENT CONSTRUIT CE TRUC ?!

060 UN DÉTECTEUR DE RAYONS X PORTABLE

Que faisiez-vous de votre temps libre au lycée ? Vous n'avez certainement pas construit de machine permettant de voir à travers d'autres machines, n'est-ce pas ? Adam Munich, lui, l'a fait.

Un soir, à une heure tardive, Adam Munich était au téléphone avec deux de ses potes : le premier se plaignait de pannes d'électricité à répétition, et l'autre, coincé au Mexique, se plaignait de l'absence de machine à rayons X dans l'établissement dans lequel il était hospitalisé. Les deux infos ont soudainement fait fusion dans l'esprit de Munich, et il se demanda si une machine à rayons X bon marché, fiable et portable existait. Une machine qui pourrait aussi servir dans les zones éloignées et qui fonctionnerait même sans source d'électricité externe.

Après avoir appris que la réponse était négative, il passa les deux années de sa vie qui suivirent à construire cette machine à partir de tubes Nixies, de vieilles valises, d'huile pour tronçonneuse et de composants électroniques venant du monde entier. C'était un projet très ambitieux pour quelqu'un d'expérimenté, alors vous imaginez pour un adolescent de 15 ans... « Pour un projet de cet acabit, il n'existe aucun manuel », dit-il.

Maintenant qu'il sait construire cette machine, il se concentre sur la manière de la fabriquer à prix réduit et de manière plus robuste, pour venir en aide à ceux qui en ont le plus besoin. Nul doute que la version actuelle devrait tout de même lui venir en aide, en lui ouvrant, par exemple, les portes des plus prestigieuses universités.

L'HOMME ET SA MACHINE

Munich a utilisé sa machine pour radiographier des objets du quotidien comme des stylos ou des disques durs. Selon ses dires, elle pourrait théoriquement être utilisée sur le corps humain.

061 ILLUMINER SES CROQUIS GRÂCE À CETTE ENCRE CONDUCTRICE FAITE MAISON

Écrivez, branchez, et regardez vos dessins s'éclairer.

MATÉRIEL

2,5 ml d'hydroxyde d'ammonium
Deux pipettes
Deux tubes à essai
1 gramme d'acétate d'argent
Centrifugeuse
0,2 ml d'acide formique
Seringue
Filtre à seringue
Flacon en verre
Surface en verre pour peindre dessus
Pinceau fin
Batterie 9 V
LED

1re ÉTAPE À l'aide une pipette, capturez 2,5 ml d'hydroxyde d'ammonium et versez-le dans un tube à essai. Ajoutez ensuite l'acétate d'argent, puis placez le tube dans la centrifugeuse réglée sur 15 secondes avant de la mettre en route.

2e ÉTAPE Avec une deuxième pipette, transférez 0,2 ml d'acide formique dans le tube à essai, une goutte à la fois, en mélangeant avec la centrifugeuse à chaque fois que vous ajouterez une goutte.

3e ÉTAPE Mettez le tube à essai de côté, et boudez-le pendant 12 heures.

4e ÉTAPE Enlevez le piston de la seringue et mettez le filtre à l'intérieur. Videz ensuite la solution du tube à essai dans la seringue.

5e ÉTAPE Ouvrez le flacon en verre et placez-le sous la seringue. Ensuite, replacez le piston dans la seringue et poussez afin de faire couler le liquide à travers le filtre et dans le flacon.

6e ÉTAPE Utilisez le liquide qui se trouve dans le flacon pour dessiner ou écrire quelque chose sur le verre avec un pinceau fin. Laissez des espaces pour les électrodes de la batterie et pour les LED.

7e ÉTAPE Faites chauffer le verre dans un four à 93 °C. Patientez 15 minutes, puis retirez-le. Il devrait y avoir une couche conductrice argentée.

8e ÉTAPE Une fois que vous aurez installé la batterie et les LED sur le verre, votre circuit artistique s'allumera instantanément.

T'AS VRAIMENT CONSTRUIT CE TRUC ?!

062 UNE IMPRIMANTE 3D QUI FONCTIONNE AVEC DU SABLE ET DU SOLEIL

Cet étrange instrument transforme les ressources du désert (essentiellement du soleil et du sable, en fait), en verre.

Quand Markus Kayser, étudiant en design, a voulu tester son imprimante 3D fonctionnant à l'énergie solaire et au sable, il se doutait bien que le ciel gris qui surplombait son appartement londonien ne ferait pas l'affaire. C'est la raison pour laquelle il fit livrer son dispositif de 90 kg au Caire, espérant trouver assez de soleil et de sable pour réussir à produire du verre.

Comment fonctionne cette machine ? Deux bras en aluminium tiennent une lentille d'un côté, des panneaux solaires de l'autre et peuvent pivoter de la verticale jusqu'à un angle de 45 degrés pour pouvoir suivre le soleil. Des senseurs détectent les ombres et transmettent les données de leur position à l'ordinateur de Kayser, qui sera chargé d'ajuster la position de la lentille. Deux panneaux photovoltaïques placés de chaque côté de la machine alimentent quant à eux l'imprimante. Du fait que ces panneaux sont aussi attachés aux bras du dispositif, ils profitent par la même occasion de cet alignement avec le soleil.

Pour commencer, Kayser conçoit l'objet qu'il souhaite imprimer dans son logiciel de conception assistée par ordinateur (CAO). Son ordinateur envoie les instructions à l'imprimante, qui fonctionne du bas vers le haut. Une fois qu'une couche a refroidi et s'est transformée en verre, il rajoute du sable dans un bac prévu à cet effet situé au centre de la machine, pour que l'imprimante puisse chauffer la couche suivante. Son premier objet imprimé, un bol, demanda quatre heures et demie de travail à son imprimante.

UN BOL UN PEU PLUS CLASSE ?

Kayser a déjà imprimé un bol en verre ainsi que plusieurs autres sculptures. Il admet que celles-ci sont loin d'être parfaites et que, avec un matériel optique plus sophistiqué, il arriverait à un meilleur résultat. Mais pour lui la perfection n'est pas le but recherché, il s'agit plutôt de « montrer un potentiel », dit-il.

CONSTRUISEZ-LE !!

063 PROJETER L'EMBLÈME DE BATMAN AVEC UNE LAMPE USB

COÛT €

TEMPS

FACILE ● ● ● ○ ○ DIFFICILE

Envoyez un petit signal de votre bureau dès que vous avez sacrément besoin d'assistance.

MATÉRIEL

Gros bouchon de bouteille rabattable (d'une bouteille de shampooing ou de détergent)
Cutter
Papier aluminium
Ciseaux
Scotch double face
Lampe USB
Pinces coupe-fil
Fer et du fil à souder
Pistolet à colle chaude
Feuilles en plastique transparentes
Bouchon de bouteille de boisson énergisante
Pièces de monnaie
Carton ou carton mousse
Peinture noire

1re ÉTAPE Avec un cutter, découpez le couvercle du gros bouchon rabattable et jetez-le. Enroulez le bouchon dans des bandes de papier aluminium, en laissant de petits espaces entre les bandes, et fixez-les avec du scotch double face.

2e ÉTAPE Coupez la prise de la lampe USB avec des pinces coupe-fil ; retirez les LED et les fils qui viennent avec.

3e ÉTAPE Retournez le bouchon afin que l'ouverture soit située vers le bas et le goulot vers le haut. Froissez un morceau de papier aluminium en lui donnant la forme d'un bol, et placez-le à l'intérieur du bouchon.

4e ÉTAPE Découpez un trou dans le papier aluminium avec un cutter. Faites-y passer les fils de la LED et faites-les sortir par l'ouverture du gros bouchon, en nichant la LED dans le bol en aluminium.

5e ÉTAPE Avec un cutter, découpez une fente dans la prise USB de la lampe que vous avez coupée, et retirez la gaine. Retirez ensuite la boîte en métal et ressoudez les fils (ceux qui à l'origine étaient connectés à la LED à l'intérieur de la lampe) sur les électrodes correspondantes de la LED.

6e ÉTAPE Fixez les fils avec de la colle chaude. Refixez la boîte en métal et la gaine.

7e ÉTAPE Découpez un morceau de feuille en plastique transparente de la taille du bouchon, avec trois languettes sur les bords pour la fixer dans le bouchon. Pliez les languettes, appliquez de la colle, puis fixez la « lentille » en plastique.

8e ÉTAPE Découpez le logo désiré dans du papier aluminium et collez-le sur la lentille.

9e ÉTAPE Utilisez le bouchon d'une boisson énergisante pour fabriquer le support. Collez-y deux pièces de monnaie pour le lester.

10e ÉTAPE Découpez un morceau de carton, ou de carton mousse, de manière à fabriquer un support pour le projecteur. Veillez à faire ressortir une petite base de sorte qu'elle tienne dans le petit trou du bouchon de la bouteille. Peignez le support et la base en noir.

11e ÉTAPE Collez le support en mousse à la base du bouchon de bouteille énergisante, puis collez le projecteur au support.

12e ÉTAPE Envoyez le signal.

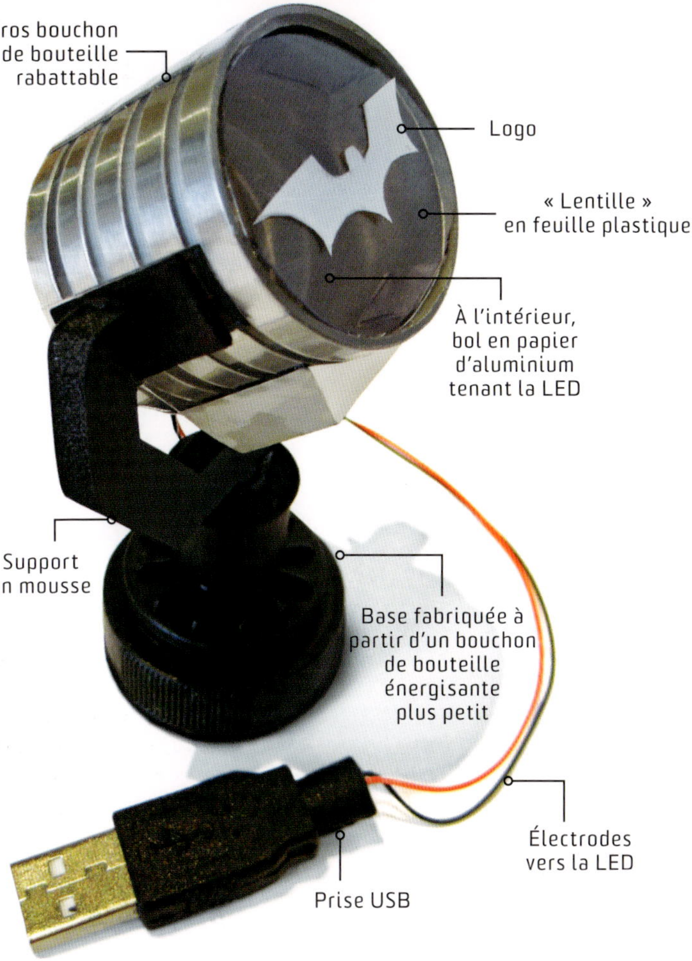

5 MINUTES PROJET

064 FABRIQUER UNE MINI-LAMPE DE POCHE

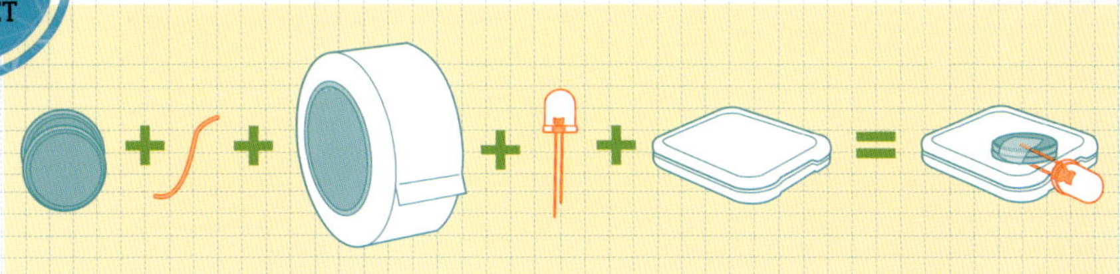

1re ÉTAPE Connectez deux batteries de 3 V côte à côte avec des fils électrique et du scotch isolant.

2e ÉTAPE Scotchez lâchement les électrodes de la LED sur les batteries, les bornes positives sur les bornes positives et vise-versas.

3e ÉTAPE Faites un petit trou dans un boîtier de carte SD et insérez les batteries avec les bornes de la LED.

4e ÉTAPE Appuyez sur la boîte pour pousser les électrodes de la LED sur la batterie, afin de l'allumer.

BRICOLAGE EXPRESS

065 RECYCLER DU PAPIER ALUMINIUM EN OUTIL ÉLECTRONIQUE

Sortez votre précieux rouleau hors de la cuisine et profitez de ses propriétés conductrices.

DES CONDENSATEURS FAITS MAISON

Découpez une longueur de 60 cm de papier aluminium et trois longueurs identiques de pellicule plastique. Découpez l'aluminium de moitié dans le sens de la longueur et scotchez un fil électrique sur chaque feuille, puis superposez les deux feuilles avec de la pellicule plastique au milieu. Rajoutez du papier plastique au-dessus et en dessous de l'aluminium, puis enroulez le tout et branchez les fils sur un chargeur de batterie. Vous pouvez maintenant charger tout ce que vous voulez.

SÉCURISEZ DES BATTERIES UN PEU LÂCHES

Parfois, les batteries ne se connectent plus très bien aux ressorts de vos appareils. Pour y remédier, pliez un morceau de papier aluminium et glissez-le entre les bornes des batteries et des ressorts.

UN BLOQUEUR DE SIGNAL POUR TÉLÉPHONES PORTABLES

Si vous souhaitez rester à couvert et éviter que n'importe qui localise vos coordonnées GPS, emballez votre téléphone sous plusieurs couches de papier aluminium. Vous pouvez le tester en appelant votre portable. Si vous êtes directement mis sur répondeur, c'est que le signal est bien bloqué, et que vos coordonnées sont protégées.

UN RÉFLECTEUR DE LUMIÈRE FAIT MAISON

Recouvrez un morceau de carton avec du papier aluminium pour créer un réflecteur de lumière rapide et bon marché qui vous aidera dans vos photographies.

5 MINUTES PROJET

066 IMPROVISER UN TRÉPIED

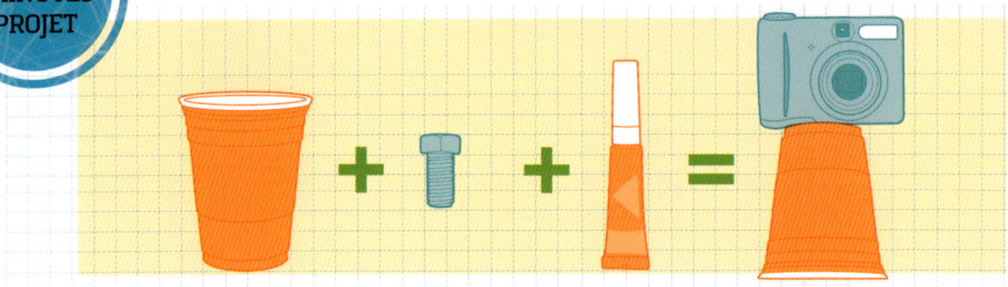

1re ÉTAPE Percez un trou au centre du fond d'un gobelet en plastique.

2e ÉTAPE Insérez-y un boulon de la taille de la douille de votre trépied et fixez-le avec de la glue.

3e ÉTAPE Vissez votre appareil photo et préparez-vous pour le photo shoot !

067 MONTER UN APPAREIL PHOTO SUR VOTRE VÉLO

Filmez vos exploits en transformant votre sonnette en caméra.

MATÉRIEL

Sonnette de vélo
Appareil photo
Vélo
Tournevis

1re ÉTAPE Trouvez une sonnette avec une vis centrale dont la taille est adaptée à l'emplacement pour trépied situé sous votre appareil photo. La plupart des vis de trépied mesurent 6,35 mm.

2e ÉTAPE Fixez la sonnette sur le guidon.

3e ÉTAPE Retirez la coupole de la sonnette à l'aide d'un tournevis.

4e ÉTAPE Vissez le trépied sur la vis centrale de la sonnette. Orientez l'appareil photo dans la direction de votre choix, et commencez à filmer votre carnet de voyage.

Appareil photo
6x
OPTICAL ZOOM
8.0
MEGA PIXELS
5.8-34.8mm 1:2.8-4.8
Vis centrale
Sonnette de vélo

068 CONSTRUIRE UN TRÉPIED POUR FAIRE DE LA PHOTOGRAPHIE ACCÉLÉRÉE

Recyclez votre minuteur de cuisine pour faire des photos panoramiques à moindre coût.

MATÉRIEL

Minuteur de cuisine
Perceuse
Vis sans tête de 6,35 mm 20 pas par pouce
Boulon de 9,5 mm
Vis de conversion de 9,5 mm
Cutter
Tapis en caoutchouc
Colle
Trépied
Support de trépied
Appareil photo
Ordinateur avec logiciel de traitement graphique

1re ÉTAPE Percez un trou de 6 mm de diamètre au centre du cadran du minuteur. Insérez la vis sans tête de 6,35 mm 20 pas par pouce.

2e ÉTAPE Percez un trou de 8,75 mm de diamètre à l'arrière du minuteur. Vissez un boulon de 9,5 mm dans le trou afin de créer un filetage pour y mettre une vis de conversion de 9,5 mm (une sorte de vis creuse qui vous permettra de fixer le minuteur sur le trépied).

3e ÉTAPE Mesurez et découpez un morceau de tapis en caoutchouc, en laissant un trou pour la vis de conversion, et collez-le à la base du minuteur.

4e ÉTAPE Fixez le minuteur sur le trépied, attachez le support et l'appareil photo, et réglez le minuteur. Réglez l'appareil photo pour qu'il prenne des photos à intervalles réguliers, puis transférez les clichés sur un ordinateur afin de créer un montage panoramique accéléré à l'aide d'un logiciel de photographie.

LES ARCHIVES

069 Prendre un autoportrait avec un déclencheur de flash fait maison

Déclenchez à distance l'obturateur de votre appareil photo, avec du matériel maison.

MATÉRIEL

Outil rotatif
Flacon de pilules avec un couvercle à rabat
Cutter
Tuyau en caoutchouc tenant fermement sur le bec de votre bouteille en plastique souple
Câble de déclencheur d'appareil photo
Bouteille en plastique souple
Petits morceaux de tuyaux en plastique tenant fermement dans le tuyau en caoutchouc
Ballon de baudruche
Du fil
Du talc
Un bouchon en liège qui tient dans le flacon de pilules

1re ÉTAPE Avec l'outil rotatif, percez un trou dans le couvercle du flacon de pilules, assez large pour y faire passer le tuyau en caoutchouc.

2e ÉTAPE Percez un trou au fond du flacon de pilules par lequel vous ferez passer le câble du déclencheur. Ensuite, insérez le déclencheur.

3e ÉTAPE Avec un cutter, découpez un morceau de tube en caoutchouc de la longueur maximale dont vous pensez avoir besoin entre vous et l'appareil photo. Insérez le bec de la bouteille en plastique souple dans une des extrémités du tuyau en caoutchouc.

4e ÉTAPE Enfilez l'autre extrémité du tuyau dans le trou de la boîte de pilules, puis sur le petit tuyau en plastique.

5e ÉTAPE Insérez le tuyau en plastique dans l'ouverture du ballon de baudruche, et nouez le tout très fermement avec du fil.

6e ÉTAPE Saupoudrez le bouchon de liège avec du talc et insérez-le dans le flacon de pilules. Enfoncez le ballon de baudruche pour qu'il soit placé contre le bouchon de liège.

7e ÉTAPE Vérifiez que tout est bien hermétique, puis branchez le câble à votre appareil photo et placez-vous en face de l'appareil, en tenant la bouteille en plastique souple dans vos mains. Une fois que vous serez prêt, serrez la bouteille, et le ballon se gonflera en poussant le bouchon en liège contre le déclencheur. N'oubliez pas de sourire !

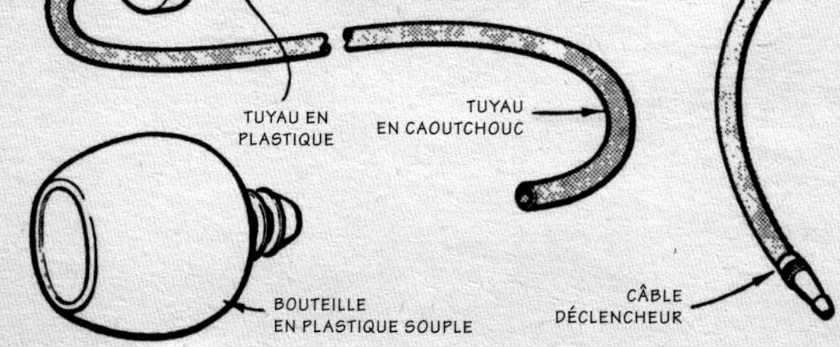

070 BRICOLER UN DIFFUSEUR DE FLASH AVEC UNE BOUTEILLE EN PLASTIQUE

1re ÉTAPE Découpez une petite section dans un pichet vide en plastique givré.

2e ÉTAPE Découpez dans la section un trou assez grand pour faire passer l'objectif de l'appareil photo.

3e ÉTAPE Placez le diffuseur sur l'appareil photo de manière qu'il recouvre le flash, et c'est parti pour le shoot !

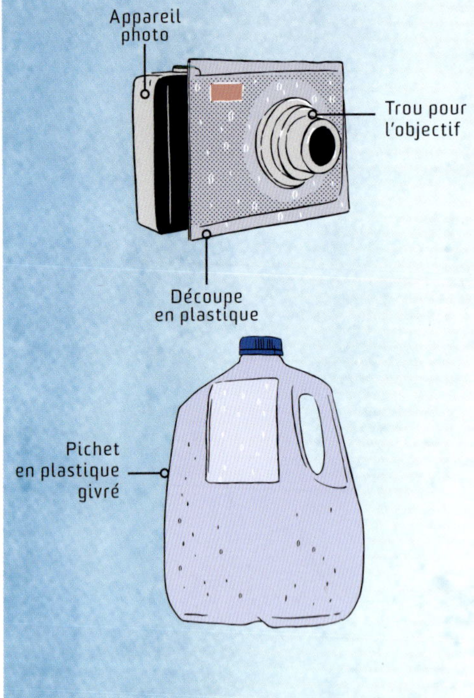

071 UN APPAREIL PHOTO À L'ÉPREUVE DE L'EAU

1re ÉTAPE Découpez un rouleau de papier toilette de l'épaisseur de l'objectif de votre appareil photo, puis recouvrez votre lentille avec.

2e ÉTAPE Déroulez un préservatif non lubrifié. Ajoutez le contenu d'un sachet de gel de silice dessiccateur, qui permettra d'absorber l'humidité, et insérez votre appareil photo, tout en maintenant le rouleau bien en place.

3e ÉTAPE Nouez l'extrémité ouverte du préservatif et étanchéifiez le nœud en y ajoutant de la Super Glue.

4e ÉTAPE Déroulez un autre préservatif et insérez-y l'appareil photo emballé, en faisant attention de placer le premier nœud vers le fond du nouveau préservatif. Plongez et explorez.

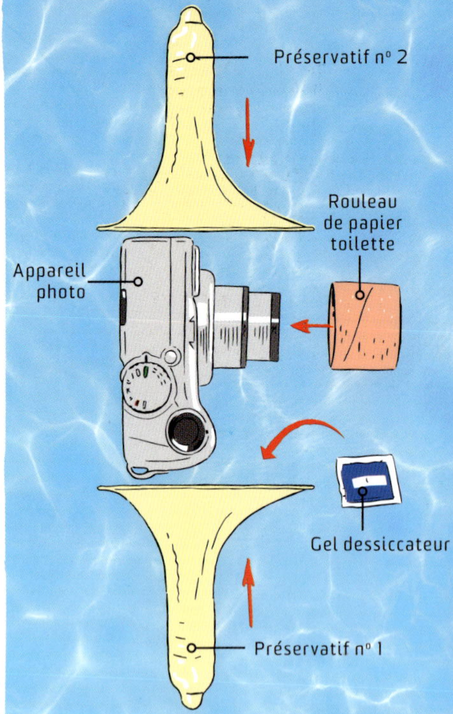

072 CRÉER UNE LENTILLE FISH-EYE AVEC UN JUDAS

1re ÉTAPE Allumez votre appareil photo et réglez le zoom au maximum.

2e ÉTAPE Dénichez un judas standard dans un magasin de bricolage et placez-le devant l'objectif, en le mettant dans le bon sens.

3e ÉTAPE Fixez-le avec du scotch épais. (Choisissez un scotch qui ne laisse pas de traces, ce qui pourrait détériorer votre lentille.)

073 ADAPTER UN OBJECTIF MANUEL À UN REFLEX NUMÉRIQUE

1re ÉTAPE Procurez-vous une bague d'adaptation et vissez-la sur un objectif manuel compatible à partir d'un vieil appareil photo analogique. (Ces deux options sont moins coûteuses que de s'acheter des objectifs pour reflex numériques, et vous pouvez en plus vous procurer de vieux objectifs macro, fish-eye et ultra zoom bon marché). Prenez en revanche le temps de vérifier qu'ils sont compatibles avec votre appareil photo avant de les acheter.

2e ÉTAPE Insérez l'objectif dans la bague. Il y a en général un point ou une sorte de marque sur l'objectif ainsi que sur l'adaptateur pour vous permettre de voir comment les assembler.

3e ÉTAPE Vissez l'objectif sur la bague, en maintenant ce dernier en place, comme si vous étiez en train de fixer l'objectif sur l'appareil photo. L'objectif devrait faire un déclic une fois qu'il est bien en place.

4e ÉTAPE Montez l'assemblage objectif-adaptateur sur l'appareil photo, comme n'importe quel autre objectif, et partez prendre des photos.

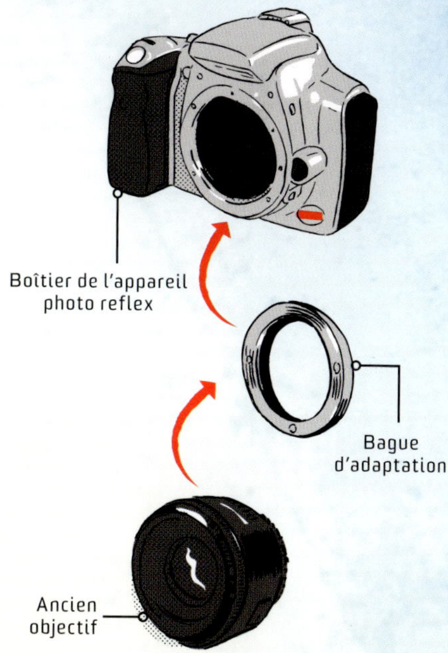

CONSTRUISEZ-LE !!

074 BRICOLER UN DÉTECTEUR SONORE POUR UN FLASH

COÛT €€

TEMPS

FACILE ● ● ● ● ○ DIFFICILE

Flashez vos actions avec ce déclencheur sonore ultra-rapide.

MATÉRIEL

- Appareil photo jetable avec flash
- Deux piles AA et deux piles AAA (alcalines)
- Voltmètre
- Redresseur commandé au silicium 400 volts, 0,8 ampère à gâchette sensible (SCR)
- Pince à dénuder
- Fer et du fil à souder
- Câble stéréo 3,5 mm
- Magnétophone
- Microphone à électret
- Appareil photo avec un réglage « pose B », ou pose longue (d'au moins deux secondes)
- Trépied

1re ÉTAPE Prenez l'appareil photo et retirez le boîtier, le système de rembobinage de la pellicule et l'assemblage de l'obturateur. Veillez à ce que les piles soient neuves.

2e ÉTAPE Repérez les bornes du flash de l'appareil photo, qui sont situées près de l'emplacement d'origine de l'obturateur. À l'aide d'un voltmètre, déterminez quelle borne est positive et laquelle est négative.

3e ÉTAPE Soudez la cathode du redresseur commandé au silicium à la borne négative du flash, et l'anode à la borne positive du flash.

4e ÉTAPE Découpez un des jack du câble stéréo 3,5 mm. Retroussez la gaine pour faire sortir les fils rouge, blanc et terre.

5e ÉTAPE Soudez les fils rouge et blanc à la borne « gâchette » du contrôleur commandé au silicium et le fil terre à la borne négative du flash (avec la cathode).

6e ÉTAPE Branchez un microphone électret bon marché à l'entrée audio du magnétophone. Branchez le jack du câble stéréo 3,5 mm dans la sortie audio

7e ÉTAPE Retirez le clapet du magnétophone et repérez le bouton de protection en lettrage : le petit « doigt » en face de la tête d'enregistrement. Maintenez ce bouton appuyé et appuyez sur le bouton rouge d'enregistrement afin de charger le flash de l'appareil photo jetable. Une fois que le voyant « prêt » du flash s'allume, vous pourrez commencer à l'utiliser.

8e ÉTAPE Trouvez un endroit sombre, installez l'appareil photo sur le trépied, et réglez l'obturateur de l'appareil photo de manière à faire une pose longue. (Un appareil photo réglé sur minuteur de une à quatre secondes fonctionnera également.)

9e ÉTAPE Éteignez les lumières, tenez le déclencheur du flash près du sujet, ouvrez l'obturateur de votre appareil photo, et capturez un événement très rapide qui s'accompagne d'un bruit, un ballon rempli d'eau qui éclate, par exemple.

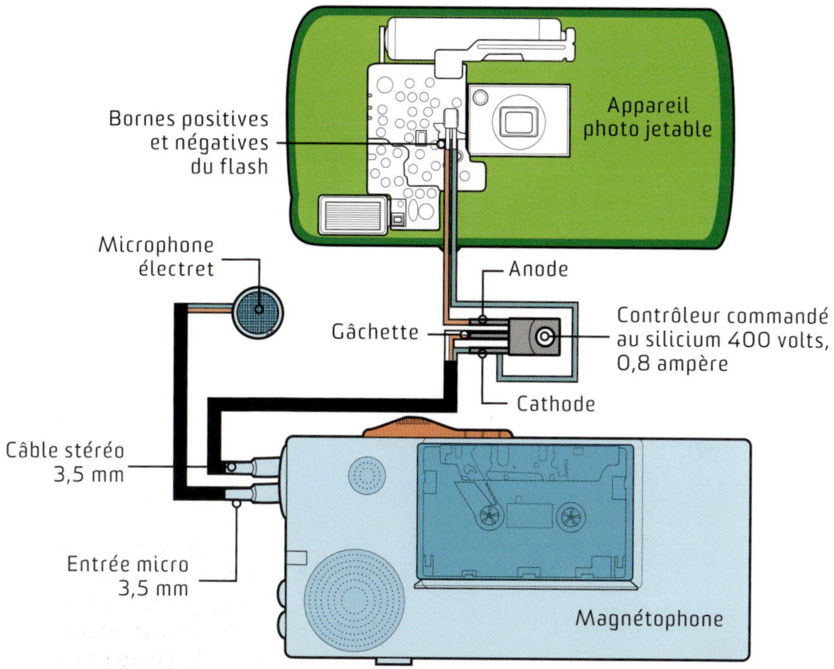
Bornes positives
et négatives
du flash
Appareil
photo jetable
Microphone
électret
Anode
Contrôleur commandé
au silicium 400 volts,
0,8 ampère
Gâchette
Cathode
Câble stéréo
3,5 mm
Entrée micro
3,5 mm
Magnétophone

Photo
d'un événement
rapide et bruyant.

T'AS VRAIMENT CONSTRUIT CE TRUC ?!

075 UN APPAREIL PHOTO QUI PREND DES CLICHÉS GIGANTESQUES

Cet énorme appareil photo permet de capturer d'énormes images sur une pellicule radiographique. Seul problème, il vous faudra le construire par vous-même.

Darren Samuelson était en train de prendre sa toute dernière photo de Manhattan quand la police fit irruption. Son père et lui étaient en train de travailler sur le quai déserté, de l'autre côté de l'Hudson River, et les gendarmes voulaient savoir, à juste titre, quel était cet appareil pliable mesurant 1,80 m de long et pesant 32 kg, et pourquoi ils le pointaient droit sur la ville ? Samuelson répondit pour sa défense qu'il s'agissait uniquement d'un appareil photo, et qu'il n'était lui-même qu'un simple touriste. Ils le crurent, et le laissèrent prendre son cliché. Celui-ci aller se révéler si détaillé que, même gonflé à une taille équivalente à celle de la moitié d'un terrain de volleyball, il resterait net et précis.

Samuelson a spécialement construit cet appareil photo pour gérer des pellicules radiographiques mesurant 35 cm par 90 cm, et en plus de ça, il reste moins cher que n'importe quel appareil à papier grand format. Il consacra les deux premières semaines de son chantier à la conception d'un énorme conduit en accordéon susceptible d'ajuster la distance focale manuellement. L'appareil photo ainsi que le conduit se déplient et glissent sur des rails: la lentille se plaçant d'un côté, et la pellicule de l'autre ; lui permettant de régler la distance focale en faisant varier l'écart entre les deux. Certes, il n'est pas possible de prendre des images à la va-vite, avoue Samuelson, et la construction n'était pas évidente (l'appareil compte 186 pièces différentes), « mais quand je tiens en main une de ces impressions et que j'en observe chaque détail, je me dis que ça vaut vraiment le coup », dit-il.

MEGA PRINTS
Chaque impression mesurant pas moins de 90 cm de long, Samuelson est obligé de s'emmitoufler d'un manteau noir pour empêcher la lumière de fausser sa prise de vue.

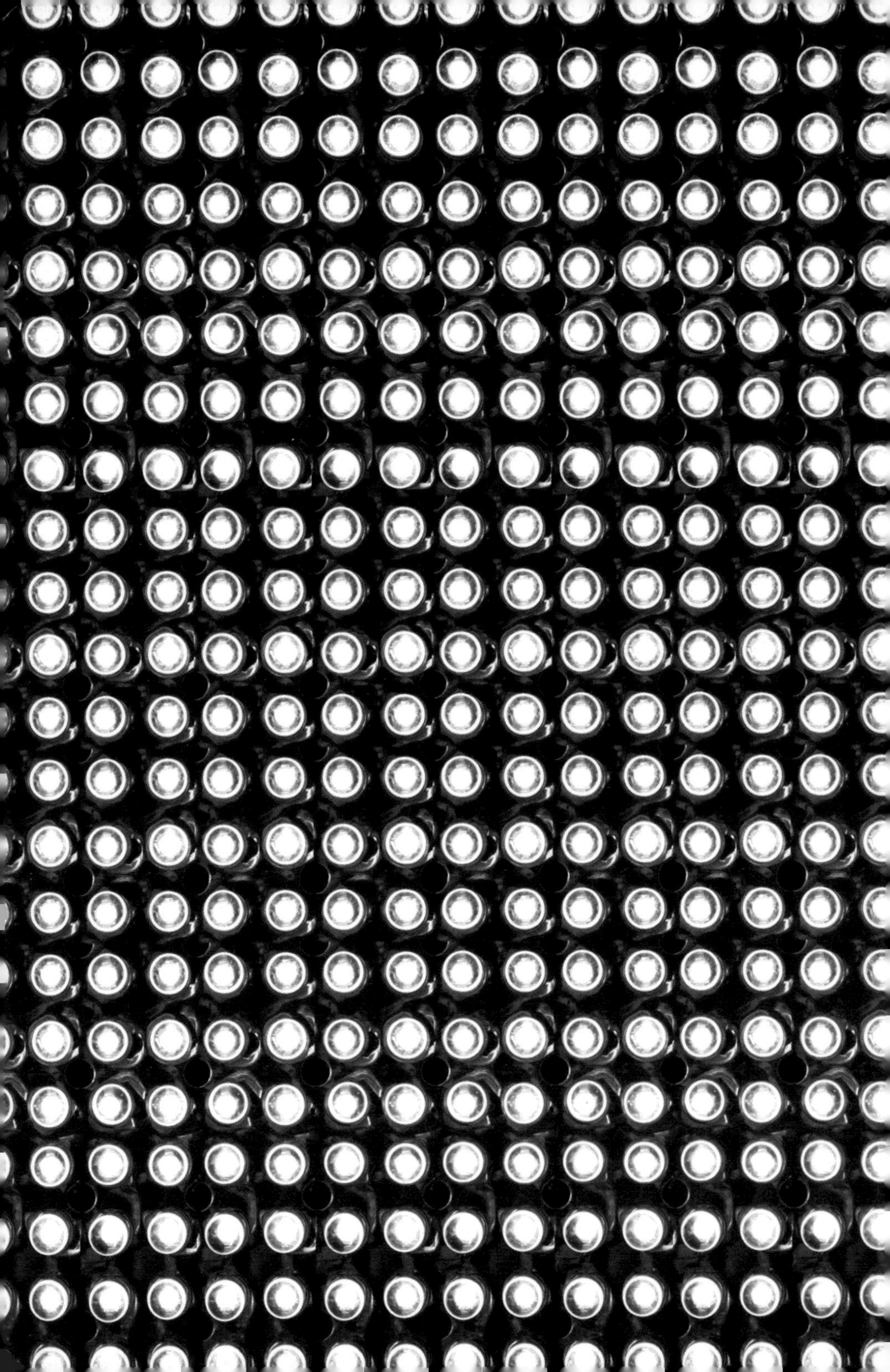

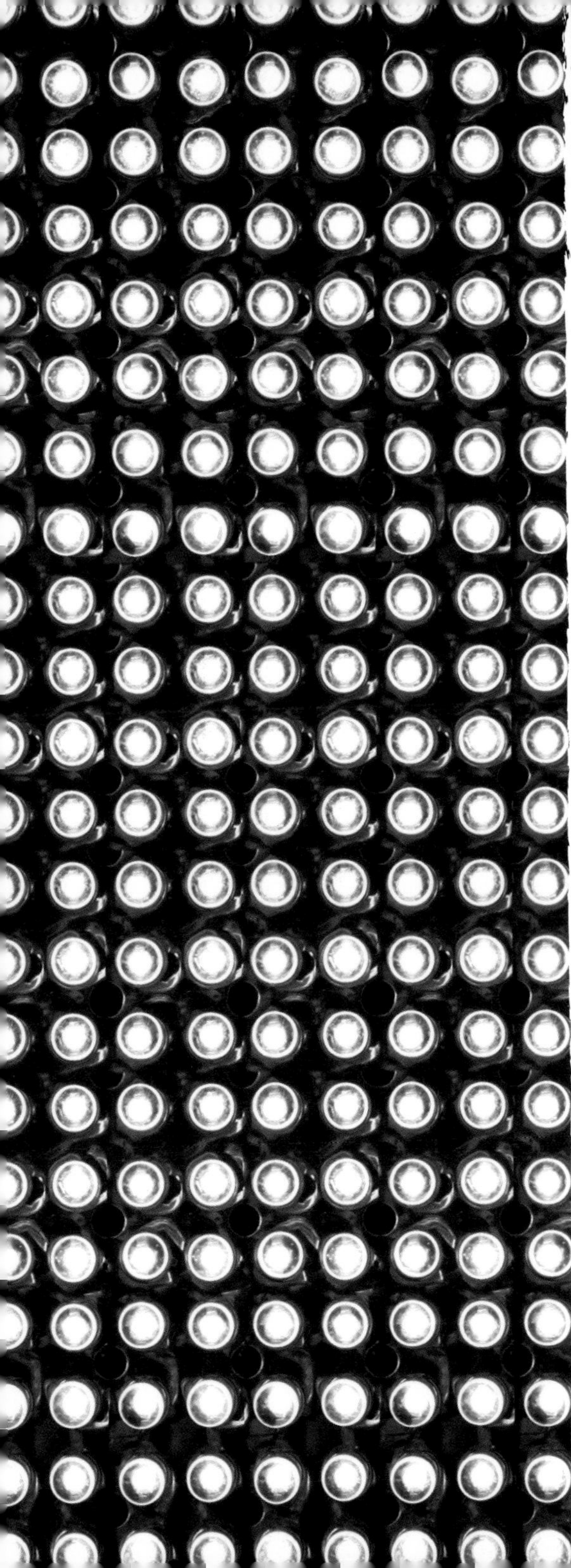

RESSOURCES

GLOSSAIRE

AMPLIFICATEUR Composant servant à augmenter la puissance d'un signal. Dans un circuit, un amplificateur sert à augmenter la tension ou le courant.

ANTENNE Câble, branche en métal ou tout autre dispositif servant à transmettre ou à recevoir des ondes électromagnétiques, comme des ondes TV ou radio.

ARDUINO Un microcontrôleur commun open source. Il existe plusieurs types de microcontrôleurs Arduino ; tous utilisent le même langage de programmation.

BAGUE D'ADAPTATION Connecteur utilisé pour joindre deux tuyaux de diamètres différents ; un côté possède un diamètre plus petit, et l'autre un diamètre plus grand. On appelle également une bague d'adaptation un « raccord de réduction ».

BATTERIE LITHIUM-ION Un type de batterie rechargeable souvent utilisée dans les produits électroniques, possédant une forte capacité énergétique pour sa taille.

BOÎTE À PROJETS Boîte servant à contenir les composants d'un circuit, elle s'avère très utile pour le montage et pour protéger les éléments d'un circuit.

BORNE Extrémité d'un conducteur dans un circuit. Désigne aussi un point auquel des connexions peuvent être établies avec un réseau plus grand.

BROCHE Fil sortant d'un composant électronique qui sert à connecter ce composant à un autre élément électronique.

CÂBLE COAXIAL Câble doté d'un fil conducteur central entouré d'une couche isolante, elle-même entourée d'un tube conducteur. Un câble coaxial sert à transmettre des signaux radio ou TV.

CÂBLE DE FIBRE OPTIQUE Câble composé de fils en plastique ou en verre très fin transmettant de la lumière d'une extrémité à l'autre.

CELLULE PHOTOÉLECTRIQUE Dispositif servant à détecter la présence (ou l'absence) de lumière, et qui ajuste l'intensité du courant en conséquence.

CIRCUIT Boucle fermée dans laquelle circule un courant électrique. Un circuit sert souvent à alimenter un appareil électrique.

CIRCUIT INTÉGRÉ Aussi connu sous le nom de puce électronique, ce dispositif permet d'avoir un circuit complexe condensé dans un espace très réduit.

CIRCUIT IMPRIMÉ Planche fine et isolante sur laquelle sont montés des composants électroniques connectés entre eux.

CLÉ USB Petit dispositif de stockage de données pouvant être connecté à un ordinateur sur la prise USB.

COLLE PVC Adhésif servant à joindre deux morceaux de PVC.

COLLIER DE SERRAGE Attache servant à créer une boucle solide.

CONDENSATEUR Composant électronique servant à stocker l'énergie dans un circuit. Contrairement à une batterie, un condensateur ne produit pas d'énergie ; il emmagasine ou filtre l'énergie qui circule déjà dans le circuit.

CONDUCTIVITÉ Capacité à transmettre un courant électrique. Cela peut aussi en représenter la mesure.

CONTACT Zone où un composant est connecté à un fil ou à un circuit électronique.

CUTTER Petite lame servant à faire des coupes précises.

DESSOUDAGE Action de retirer de la soudure pour détacher un composant d'un circuit électronique.

DIODE Composant électronique possédant une borne à haute résistance et une autre à faible résistance. Une diode sert à faire passer le courant dans un sens, mais pas dans l'autre.

DISSIPATEUR THERMIQUE Appareil servant à évacuer la chaleur d'un système électrique, afin de le maintenir à une température suffisamment basse pour bien fonctionner.

ÉCRAN LCD Écran fonctionnant à l'aide de cristaux liquides (serrés entre deux électrodes et filtrés par une pellicule polarisée) qui produisent des images.

ÉCRAN TACTILE Écran électronique sur lequel les utilisateurs peuvent interagir en le touchant avec leurs doigts.

ÉLECTRODE Conducteur servant à transmettre le courant à un matériau non métallique. Les électrodes sont utilisées dans le soudage à l'arc.

ÉPOXY Substance adhésive faite à base d'un type de résine qui se solidifie quand on le chauffe.

ÉTAU Outil de serrage souvent fixé sur une table et qui sert à tenir un objet en place en tournant une manivelle.

FER À BÉTON Barre en acier rigide ; souvent utilisé en maçonnerie pour renforcer le béton.

FIL DE TERRE Câble servant à fournir un chemin de retour pour le courant, souvent placé sous terre.

FILS ET CÂBLES ÉLECTRIQUES Brins de matériaux conducteurs recouverts d'une gaine isolante servant à conduire le courant électrique.

GAINE THERMORÉTRACTABLE Tube qui rétrécit quand on le chauffe et qui est souvent utilisé pour isoler des fils ou pour créer un joint protecteur.

INTERRUPTEUR Composant servant à ouvrir un circuit ou à le laisser fermé, de manière à laisser passer le courant.

INTERRUPTEUR REED Interrupteur dont les contacts en ferronickel sont placés dans une bulle de verre. Ces contacts réagissent à la présence d'un courant magnétique.

ISOLATION Matériau servant à bloquer le passage d'un courant ou de la chaleur ; par exemple la gaine d'un fil électrique.

LANGAGE DE PROGRAMMATION Langage servant à communiquer les instructions à un ordinateur ou à une autre machine. De nombreux langages de programmation sont utilisés pour des fonctions diverses.

LASER Dispositif émettant un rayon lumineux très concentré. Il existe plusieurs intensités de lasers et ils peuvent être assez puissants pour découper des matériaux solides.

LED Diode électroluminescente. Elles sont souvent plus petites et plus efficaces que les ampoules incandescentes, d'un point de vue énergétique.

LENTILLE DE FRESNEL Lentille plate composée de plusieurs segments de lentilles. Les lentilles Fresnel agrandissent les sources lumineuses et sont souvent utilisées dans les projecteurs.

LUNETTES DE SÛRETÉ Lunettes servant à protéger les yeux d'une source de chaleur, de produits chimiques et d'éclats en tous genres.

MICROCONTRÔLEUR Ordinateur miniature spécialisé.

MULTIMÈTRE Appareil servant à mesurer le courant électrique, la résistance et la tension. Il est très utile pour contrôler un circuit.

OHM Unité de mesure de la résistance.

OUTIL ROTATIF Appareil électrique servant à couper, polir, creuser ou broyer à l'aide de nombreux types de mèches.

PERCEUSE Outil servant à percer des trous dans plusieurs types de matériaux. Une perceuse est en général alimentée par de l'électricité, et il existe de nombreuses tailles de mèches.

PINCE Dispositif servant à maintenir un objet en place. Il en existe de nombreux types qui permettent, selon les cas, une utilisation temporaire, ou permanente.

PINCE À DÉNUDER Outil permettant de découper la gaine d'un fil électrique.

PINCE CROCODILE Pince à ressort servant à connecter un composant et un fil électrique dans un circuit temporaire.

PLATINE D'EXPÉRIMENTATION Dispositif permettant de créer un circuit temporaire et de le tester avant de le souder.

PLATINE BREAKOUT Composant électronique permettant l'accès à des électrodes très rapprochées sur une puce électronique, ou sur un câblage très dense.

PLEXIGLAS Plastique transparent et rigide. Il ressemble à du verre mais est pourtant bien plus léger et durable que ce dernier.

PORT Zone d'interface entre deux appareils.

POTENTIOMÈTRE Composant à trois bornes ayant la fonction d'un transistor variable. Il sert à ajuster l'intensité du courant dans un circuit. Il est souvent utilisé pour des lampes à intensité variable.

RÉSISTANCE Composant électronique à deux bornes et qui résiste au passage du courant électrique. Les résistances servent à contrôler la direction et l'intensité du courant.

SCHÉMA Carte d'un circuit électrique. Représenté en deux dimensions, il utilise un ensemble de symboles représentant les composants d'un circuit et montrant leurs différentes connexions.

SCIE À MÉTAUX Scie à dents fines fixées dans un cadre. Une scie à métaux peut servir à couper du métal ainsi que d'autres matériaux rigides.

SCIE SAUTEUSE Un outil (souvent électrique) doté d'une longue et fine lame de scie. Une scie sauteuse sert à découper des objets de formes irrégulières.

SCIE SUR TABLE Une machine équipée d'un disque dentelé en métal, servant à couper le bois ou d'autres matériaux rigides.

SCOTCH ISOLANT Type de scotch recouvert d'un matériau isolant, souvent utilisé pour recouvrir et connecter des fils électriques.

SKETCH Nom donné à un programme pouvant être transféré sur un module Arduino.

SOUDURE Action de connecter deux objets métalliques en faisant fondre du fil de soudure en métal, de manière à créer un joint solide.

SOURIS OPTIQUE Souris d'ordinateur utilisant une LED pour détecter le mouvement.

SUGRU Type de mastic à base de silice qui se solidifie en 24 heures, mais qui reste à la fois élastique.

TRANSFORMATEUR Outil servant à transférer le courant d'un circuit à un autre, ou à altérer la tension d'un courant.

TRANSISTOR Semi-conducteur à trois électrodes servant à amplifier l'intensité du courant.

TUBE PVC Tube en plastique léger, et durable.

USB Universal Serial Bus (Bus universel en série). Type de connecteur standard pour les ordinateurs et les appareils électroniques.

VOLT Unité de mesure de la tension.

INDEX

MERCI À NOS CRÉATEURS

Beaucoup de gens créatifs ont apporté leurs idées et leur savoir-faire à travers ces pages ; vous découvrirez ci-contre quels sont leurs projets, et ce qu'ils ambitionnent de construire à l'avenir.

ASTUCES TECHNIQUES

7 : William Finucane (adapté légalement de son guide original dans Mad Science World sur son site wonderhowto.com) **12** : Wallace Kineyko **13** : Dave Prochnow **17** : Dylan Hart (householdhacker.com) **21** : Jennifer Lee (jen7714.wordpress.com) **22** : Daniel Julian **26** : adapté de *More Show Me How* **27** : Windell H. Oskay (evilmadscientist.com) **29** : Instructables username unclesam **31** : Jani « Japala » Pönkkö (éditeur de metku.net) 32 : Ian Cannon **33** : Jared Bouck (inventedgeek.com) **34** : Dave Fortin (failsworld.com) **35** : Ian Cannon 38 : Phil Herlihy (braindeadlock.net) **39** : Jeffrey Davies **41** : Bard Lund Johansen **45** : Toma Dimov (outfab.com) **47** : Ingo Schommer (chillu.com) **49** : Pamela Stephens (pbjstories.com) **55** : Bionerd23 (youtube.com/user/bionerd23) **56** : Ben Krasnow (youtube.com/user/bkraz333) **57** : Burak Incepinar (tacashi.tripod.com) **59** : Kip Kay (kipkay.com) **60** : Adam Munich 62 : Markus Kayser (markuskayser.com) **63** : Chris Barnardo **68** : Larry Towe (getawaymoments.com) **74** : Dave Prochnow **75** : Darren Samuelson (darrensamuelson.com)

CRÉDITS PHOTOS

Toutes les images sont gracieusement délivrées par Shutterstock Images, sauf exception.

Gracieusement délivrées par *Popular Science* **Archives** : 15, 69 **Chris Barnardo** : 63 **Conor Buckley** : 7, 16-19, 20-21, 23-24, 29, 30-32, 35-40, 44-45, 51-52, 55, 58-59, 61, 64, 66-68, 74 **John B. Carnett** : 13, 75 **Luke Copping** : 54 **Scott Erwert** : 14, 34, 41, 43, 54, 57 **Hayden Foell** : 8 **Timothy Lillis** : 53 **Cody Pickens** : 56 (photographe du microscope) **Amos Field Reid** : 62 **Carl Wiens** : 9-12, 25-28, 47, 49, 50, 70-73

CLAUSE DE NON-RESPONSABILITÉ

Les informations contenues dans ce livre sont vouées à un lectorat adulte, et dans un strict usage récréatif. Quand bien même chaque paragraphe de ce livre a été vérifié, testé et approuvé, l'éditeur n'assume aucune responsabilité liée de près ou de loin aux activités se voulant référées par cet ouvrage. Avant de vous lancer dans n'importe quel projet suggéré dans ces pages, veillez à bien mesurer les risques encourus et prenez les dispositions nécessaires pour votre sécurité. Ce livre n'a pas pour vocation de remplacer les conseils d'un expert en électronique, en menuiserie, en métallurgie ou en n'importe quel domaine de compétences. Veillez également à toujours bien suivre les conseils des fabricants quand vous êtes amenés à utiliser des outils mentionnés dans ce livre. Et si ces mêmes fabricants vous déconseillent l'utilisation de ces instruments, suivez leurs conseils. Vous êtes pleinement responsables de vos actions, et les éditeurs n'assumeront en aucune manière n'importe quelles pertes ou dommages liés au contenu de ces pages, que celles-ci soient accidentelles, volontaires, subsidiaires, spéciales ou d'autre facture. Sinon, à part ça, amusez-vous bien !

Pour l'édition américaine :

415 Jackson Street, Suite 200
San Francisco, CA 94111
www.weldonowen.com

Pour l'édition française :

Traduction : Arthur Desinge
et Alexis Doualle

Ouvrage dirigé par Audrey Messiaen

38, rue La Condamine
75017 Paris
www.hugetcie.fr

ISBN : 9782755613728
Dépôt légal : octobre 2013

Imprimé en Chine par 1010 Printing.

POPULAR SCIENCE

THE FUTURE NOW

REMERCIEMENTS

Weldon Owen voudrait remercier Jacqueline Aaron, Katie Cagenee, Andrew Jordon, Katharine Moore, Gail Nelson-Bonebrake, Jenna Rosenthal, Katie Schlossberg, et Marisa Solís pour leurs conseils éditoriaux.

Nous voudrions aussi remercier nos rédacteurs techniques, Michael Rigsby et Tim Lillis, ainsi que notre constructeur d'intérieur et consultant en schéma électrique, Ian Cannon.

Popular Science voudrait aussi remercier Matt Cokeley, Todd Detwiler, Kristine LaManna, Stephanie O'Hara, Thom Payne, and Katie Peek pour leur soutien après toutes ces années.
Nous voudrions également remercier Gregory Mone pour la rédaction de *T'as vraiment fait ce truc ?!* inclus dans ce livre.

Et un dernier gros Merci à Mark Jannot et Mike Haney, les deux premiers rédacteurs de *How 2.0* pour avoir tout commencé.